世界同時破産!

—3割の企業と国が潰れる—

The Global Chain
Reaction of Bankruptcies

浅井隆

第二海援隊

プロローグ

これから起こる「最悪の事態」

前代未聞の「コロナ恐慌」がやってきた。しかも、最悪のタイミングと条件下で……。

私が以前から強く警告していた通り、今や人類は歴史上最大最悪の額である二京七〇〇〇兆円もの借金を抱えており、それがコロナをキッカケとして逆回転し始めたのだ。

その借金の膨張の中で、「社債バブル」と言えるような異常な事態が昨年まで進行していた。つまり、借金しなければ生きて行けない欧米のゾンビ企業にまで資金が行き渡って〝恵みの雨〟となっていたのだ。

ところが今回の「コロナ恐慌」によって、そうした資金の流れも止まり大逆回転を始めている。欧米では国境閉鎖、外出禁止、飲食店の営業停止によってサービス業（ホテル、観光、飲食）の中のまともな企業や店でさえ潰れ始めており、日本のサービス業もギリギリのラインまで追い詰められている。

全世界の主要な工場（特に自動車）も止まったため、これから耐久消費財が売れないというパニックが大企業を大混乱に陥れるため、資金繰り倒産の第二波がやってくる。こうして世界中で、連鎖的資金繰り不安→資産の売却（社債への投資も含む）→現金化→一部の企業の資金繰りのさらなる悪化→連鎖倒産というトレンドが始まるだろう。

しかし、コトはこれで収まらない。全世界の政府がその救済のために財政出動を大規模に行なって借金を積み上げるため、時間差をおいて今度は政府が破産して行くのだ。弱い国から火が点き、世界の政府がどんどん破産するという、前代未聞の事態が必ずやってくることだろう。

こうして私がかねてから指摘してきた通り、短期的には元々資金繰りの弱いローカル企業や欧米ゾンビ企業の連鎖倒産、そして長期的には失業者や資金繰りに窮した企業の救済のために多額の出費を強いられた各国政府が多額の借金を背負い弱い順に次々と破産して行くという、〝恐怖の連鎖〟がやってくるのだ。

そうした中で、日本国政府の借金というのは現時点でもすでに突出しており、先進国中最大最悪であり、今後の少子高齢化と今回の「コロナ恐慌」の相乗効果によって、私たち国民にとってひどい結末を生むことだろう。

というわけで、私たちは自らの生活、老後資金を守るために正しい知識を持って、「先手必勝」の合い言葉の下に他に先がけて生き残りの手を打たねばならない。本書は、そのためのガイドブックであり、サバイバルのバイブルである。一〇年後に読者が勝ち残って素晴らしい人生を送れることを祈って、プロローグをしめたい。

二〇二〇年五月吉日

浅井　隆

世界同時破産！――目次

プロローグ

第一章　第一波パニック（二〇二〇年一〜三月）世界はこうして地獄と化した

第二章　株価は第二波暴落へまっしぐら⁉

第三章　「破産」と「取り付け」の巨大津波がやってくる⁉

第四章　最後はほとんどの国家が破産へ
――紙幣（通貨）紙キレ化の恐怖

第五章　とんでもない時代の生き残り法

エピローグ

※注　本書では一米ドル＝一〇七円で計算しました。

第一章

第一波パニック（二〇二〇年一～三月）世界はこうして地獄と化した

大恐慌のグラウンド・ゼロ（爆心地）

先行きが極めて不透明な時は、何より過去を振り返ることが肝要だ。私たちは過去からしか学べず、過去からしか教訓をくみ取ることはできない。

思い返すと、二〇一九年末は翌年の〝株高ラリー〟を期待する声であふれていた。アメリカでの大統領選挙、そして東京でのオリンピック開催を理由に、強気予想が支配的であったことを私はハッキリと覚えている。

アメリカでは、「二期目をかけた大統領選の年の暴落はない」というアノマリー（理論的根拠があるわけではないがよく当たる相場での経験則）が広く信じられていた。ここ日本でも、オリンピックを好況下で迎えるために政治家は演出（経済対策）を惜しまないと皆が確信していたといえよう。少なくとも、ほとんどの人はまさかこの世がパンデミック（感染症の世界的な大流行）によって地獄と化すなどとは、夢にも思っていなかったはずだ。

そこで今一度、新型コロナウイルスのパンデミックとそれに伴った資産価格の暴落という経緯を振り返ってみたい。ここでは時間軸で私が重要だと思ったイベントを羅列し、同時に私がその当時、何をしていたかも記載する。ぜひ、読者の皆さんも自分がその当時何を考え、何をしていたのかを思い出しながら読んでいただくことをお勧めしたい。

今回の事件は、まさに「一〇〇年に一度」の「パンデミック」と「恐慌」と言われている。しかし、そこにはこれからを生きて行く上でのヒントが必ず眠っているはずだ。

話は、二〇二〇年二月二七日にニューヨークダウ平均株価が史上最大の下げ幅を記録する、およそ二年前から始まる。

二〇一八年初頭：米国務省の当局者が中国・湖北省武漢市にある「武漢国立生物安全研究所」を視察した。同研究所は、「Ｐ４ラボ」（バイオセーフティレベル４）と呼ばれる世界でもっとも危険な病原体の研究を行なうことを認められた中国初の施設である。同施設を視察した米当局者は、研究所の安全性について懸念を表明。研究所を安全に運営する上で必要な訓練を受けた技術者が不足しており、「コロナウイルスがヒトに感染する可能性がある」と当局者が外交公電で本国に通達した。

二〇一九年一～八月：米紙ニューヨークタイムズが明らかにした米国政府の機密文書によると、米保険福祉省（ＨＨＳ）はコードネーム「赤色感染」（Crimson Contagion）というウイルスが中国で発生したというシミュレーションを実施している。また、**二〇一九年八月**に米メリーランド州のフォート・デトリック基地にある生物化学兵器研究所が、何かしらの事情で緊急閉鎖した。

これらの話を基に中国政府は、「新型コロナウイルスのアメリカ起源説」（同研究所は不審な点が多く、ここが新型コロナウイルスの発生源で、アメリカで二〇一九年の秋と冬に大流行したインフルエンザを引き起こし、後述する武漢市で開催された「ミリタリー・ワールド・ゲームズ」に参加したアメリカの軍人を通じて中国に持ち込まれたという真偽不明の説）を後に展開することになる。

二〇一九年七月二日：リーマン・ショックを事前に予期したことで知られる

ニューヨーク大学のヌリエル・ルービニ教授が、ブルームバーグのインタビューに「二〇〇八年の金融危機を上回る、前例のない経済危機が来年に近づく」と警告。これはパンデミックを念頭に置いた予想ではなかったが、結果的に的中した。

二〇一九年九月一八日：その一ヵ月後に開かれる「武漢ミリタリー・ワールド・ゲームズ」の準備作業の一環として、中国人民解放軍の衛生・防疫部隊が武漢天河国際空港で新型コロナウイルスの感染者が発生されたことを想定し、感染病調査、医学検査、臨時検疫ブースの設置、接触者の隔離、患者の移送、衛生処理といった応急処置の全課程を実戦方式で訓練。まさに、近い将来の事件を暗示しているかのような演習である。

二〇一九年一〇月：前出ニューヨークタイムズによると、アメリカの複数の機関がコードネーム「イベント２０１」（Event 201）と呼ばれる、パンデミックのシミュレーションを実施。「ＣＡＰ」という名のコロナウイルスを仮定し、ワクチンは未開発、感染が急速に拡大するという想定での演習であった。

二〇一九年一一月六日：第二海援隊より拙著『株大暴落、恐慌目前！』発刊。こ

れはパンデミックを意識した内容ではなかったが、「中国発の世界大恐慌」を予想しており、結果的に的中してしまった。

二〇一九年一一月一七日： 香港の英字紙サウスチャイナ・モーニング・ポストによると、中国政府は極秘裏に湖北省の男性（五五）を新型コロナウイルスの初の感染者だと断定する。なお、中国当局の公式発表による初めての感染確認は同年一二月八日。

二〇一九年一二月三〇日： 武漢市中心医院の救急科に勤務していたアイ・フェン医師が「未知の肺炎」に関する情報を身内のグループチャットに送信し、注意を促した。アイ・フェン氏は、この日のうちに病院側から厳重な注意を受ける。

二〇一九年一二月三一日： 武漢市衛生当局は「二七人の原因不明の肺炎患者が出ていて、うち七名の重症例を確認した」と発表。しかし、この時点では「病気は制御できている」とし、「人から人への感染の重大な証拠や医療従事者の感染は確認されていない」とした。

同日、中国当局は集団感染について初めてＷＨＯ（世界保健機関）中国事務局に報告。

同日、日本で初めて新型ウイルスに関する報道がなされた。

同日、台湾の保健当局は武漢の状況を新型肺炎が人から人への感染が発生していると推察し、国際保健規則（ＩＨＲ）の情報共有制度を通じてＷＨＯに通知した。また、台湾衛生福利部は武漢から到着しつつあった旅客機が着陸する前に検疫官を派遣、機内で乗客を検査し即日「注意喚起」を行なった。台湾は中国本土において高い諜報能力を有しており、今回の騒動を早期に収束させることに成功している。

二〇二〇年元日：中国当局は、ウイルスの発生源と見られた武漢市の海鮮市場を閉鎖。また、新型肺炎に関するデマを流したとして八人を処分する。

二〇二〇年一月二日：マレーシア・クアラルンプールに住む吉田耕太郎氏（第二章で詳述）から、ＳＮＳ（ＬＩＮＥ）で「中国で原因不明肺炎　特定急ぐ」という「Ｙａｈｏｏ！ニュース」（二〇二〇年一月二日付）のＵＲＬが届く。そこには「やばい」という吉田氏のメッセージが添えられていた。私はこのニュースに多大なる関心を示したが、この時点では世界を揺るがすようなニュースではないとの判断に至る。

同日、武漢ウイルス研究所は新型ウイルスのゲノム配列情報を入手した。この時点で公開はせず。

二〇二〇年一月四日：香港政府が感染症に対する警戒レベルを「厳重」に引き上げ、空港や中国の鉄道が乗り入れる駅で水際の検疫態勢を強化した。

二〇二〇年一月七日：原因不明の肺炎が、「新型コロナウイルス」だと判明する。

同日、中国の習近平国家主席が初めて新型肺炎の拡大阻止や制御のための対応策を指示。この情報は、後に中国共産党機関紙「求是」（二月一五日付）に掲載される。

二〇二〇年一月一一日：中国衛生当局が、新型コロナウイルスの全ゲノム配列をＷＨＯに提供。

二〇二〇年一月一二日頃：武漢の住民六人がロイターに語ったところによると、病院の呼吸器科病棟が許容量の限界に達し始め、一部の患者が受診や入院を断られるようになった。

二〇二〇年一月一五日：トランプ大統領が中国との第一段階の貿易合意に署名。「中国との関係はこれまでで最高だ」と述べる。この三ヵ月後、両者の関係は史上最悪とも言える状態になろうとは、誰しも思いもしなかった。

ちなみに、この日のニューヨークダウは合意を好感して二万九〇〇〇ドルを突破している。

二〇二〇年一月一六日：日本で初の感染者を確認。患者は武漢市出身の中国人であった。

同日、湖北省の二つの重要な政治会議を終えた武漢市政府は、「過去二週間は新たな患者が発生していない」と住民に説明。市内もいつもと変わらぬ様子で、商業地区やレストランは人で賑わい、旅行客は春節（旧正月）休暇のため空港や鉄道の駅へ向かっていた。一週間後に武漢が都市封鎖（ロックダウン）されることなど夢にも思っていなかったことだろう。

二〇二〇年一月一七日：日経平均株価が年初来の高値（日中：二万四一一五・

九五円／終値：二万四〇四一・二六円）を付ける。

二〇二〇年一月一八日：武漢市政府は数万の世帯が料理を持ち寄って歓談する伝統の行事「万家宴」を開催。武漢市は同時点で感染者数は二名の死者を含めて四五人としていたが、後にこの催しが感染拡大を招いたとして猛烈な批判にさらされた。

同日、北京（中央政府）が計三度目となる専門家チームを武漢に派遣。このチームを率いたのは、二〇〇三年にコロナウイルスの一種である重症急性呼吸器症候群（ＳＡＲＳ）の感染拡大について中国国内で警鐘を鳴らしたことで有名な疫学者の鍾南山氏。このチームは、それまで地元政府が公にしていなかった事実をいくつか発見したとされる。

二〇二〇年一月一九日：鍾氏は視察内容を中国の健康保健政策を策定する国家衛生健康委員会（ＮＨＣ）に報告する過程で、都市封鎖（ロックダウン）を提案。

二〇二〇年一月二一日：アメリカで初の感染者を確認。シアトル在住の男性が前日に陽性と判定された。

二〇二〇年一月二二日～二三日：ＷＨＯは、この両日に開催した緊急委員会で緊急事態宣言の発布を見送る。後にアメリカ政府は、これは中国政府がＷＨＯに圧力をかけた結果だと非難するようになった。

二〇二〇年一月二三日午前二時：武漢市が突如としてロックダウンを宣言。武漢市内外を結ぶ交通手段はすぐに遮断され、公共交通機関は運行を停止、自家用車の使用も禁止された。その後まもなく、住民の外出禁止令が下る。

同日、中国の深圳から視察ツアーを終え、前日帰国した弊社社員から「春節でかなりの中国人が日本にくるから、少しの時間差でマスクが市中からなくなる」という忠告を受ける。まだこの頃は、どこの薬局でも普通にマスクが売られていた。

思い起こすと、武漢がロックダウンされた時点でも私たちの多くが「他人事」と見ていた。世界の株式市場もほとんど動じることなく、たとえば日経平均は二三日の武漢ロックダウンの知らせを受けてもほとんど反応しておらず、終値ベースで五〇円しか下げていない。ニューヨークダウも微動だにしなかった。

むしろ、世界の株価指数は二月の中旬くらいまでは騰勢《とうせい》を強めていたことを覚えている。しかし、結果的に武漢のロックダウンは「炭鉱のカナリア」（早期警戒信号）であった。

ここからは、世界の経済の動きを中心に振り返って行きたい。

二〇二〇年一月三〇日：ＷＨＯは新型コロナウイルス感染症が「国際的に懸念される公衆衛生上の緊急事態」に当たると宣言。

同日、私はニュージーランド（以下ＮＺ）に出発した。帰国は三月一一日であったが、その約一ヵ月間で世界情勢が一変してしまったことが強い印象として残っている。

二〇二〇年一月末頃：中国銀行保険監督管理委員会（ＣＢＩＲＣ）が、一部の金融機関に対し新型肺炎の感染拡大が融資先にどのような影響をおよぼしているか調査するよう求めた。ちなみに、中国人民銀行（中央銀行）の直近のサンプル調査によると、七・七％の銀行は極めてリスクが高く、軽いショックにも耐えられないという結果が出ている。また一三・六％は金融危機が起きれば高いリスクに見舞われるとし、そうした銀行の多くは小規模の農村銀行だとした。

二〇二〇年二月二日：アメリカ政府は、「一四日以内に中国に渡航歴のある外国人の入国を禁止する」と発表。

二〇二〇年二月四日：トランプ大統領は、一般教書演説でアメリカの「完全復活」を宣言。「私が大統領になってから七〇〇万人の雇用を創出した。失業率は半世紀ぶりの低水準となった。我が政権下での平均失業率はアメリカの歴史上のどの政権時よりも低い」と雇用面の絶好調ぶりを高らかにアピールした。この数ヵ月後に、先の大恐慌以来で最悪の失業率を記録するとは、この時点でまったく想像していなかったことだろう。

二〇二〇年二月五日：米社カーニバルが保有するクルーズ船「ダイヤモンド・プリンセス号」が横浜に入港、そのまま隔離された。この件は、ニュースやワイドショーなどで過熱報道されたので多くの日本人の記憶に残ったことだろう。WHOによると、二月下旬までに同船の乗員乗客七〇〇人がウイルス検査で陽性となり、六人が死亡した。

二〇二〇年二月一〇日：トランプ大統領が、「四月になるとウイルスはなくなるだろう」と発言。同氏が感染拡大を楽観視していたことが窺える。アメリカのこの日までの感染者数は、たったの一一人だった（死者はゼロ人）。

二〇二〇年二月一一日：バルチック海運指数（海運業界の動向を示す指標）が、四一一ポイントと二〇一九年九月四日に付けた高値（二五一八ポイント）から八三％の下落を記録した。これは、二〇一〇年に米国を抜いて世界一の製造大国となった中国の経済が、完全に停止したことを意味していた。というのも、世界のコンテナ輸送量の三分の一は中国を経由し、中国には「世界の港湾ベスト10」のうちの七つがあるためだ。

二〇二〇年二月一二日：ニューヨークダウが史上最高値を付ける（日中：二万九五六八・五七ドル／終値：二万九五五一・四二ドル）。世界の株式市場は、バルチック海運指数の低迷もどこ吹く風の様相であった。

二〇二〇年二月一三日：米投資運用会社グッゲンハイム・パートナーズのスコット・マイナード氏は、自社のブログで「新型コロナウイルスは、過小評価さ

ダウ工業株平均の推移（2020年）

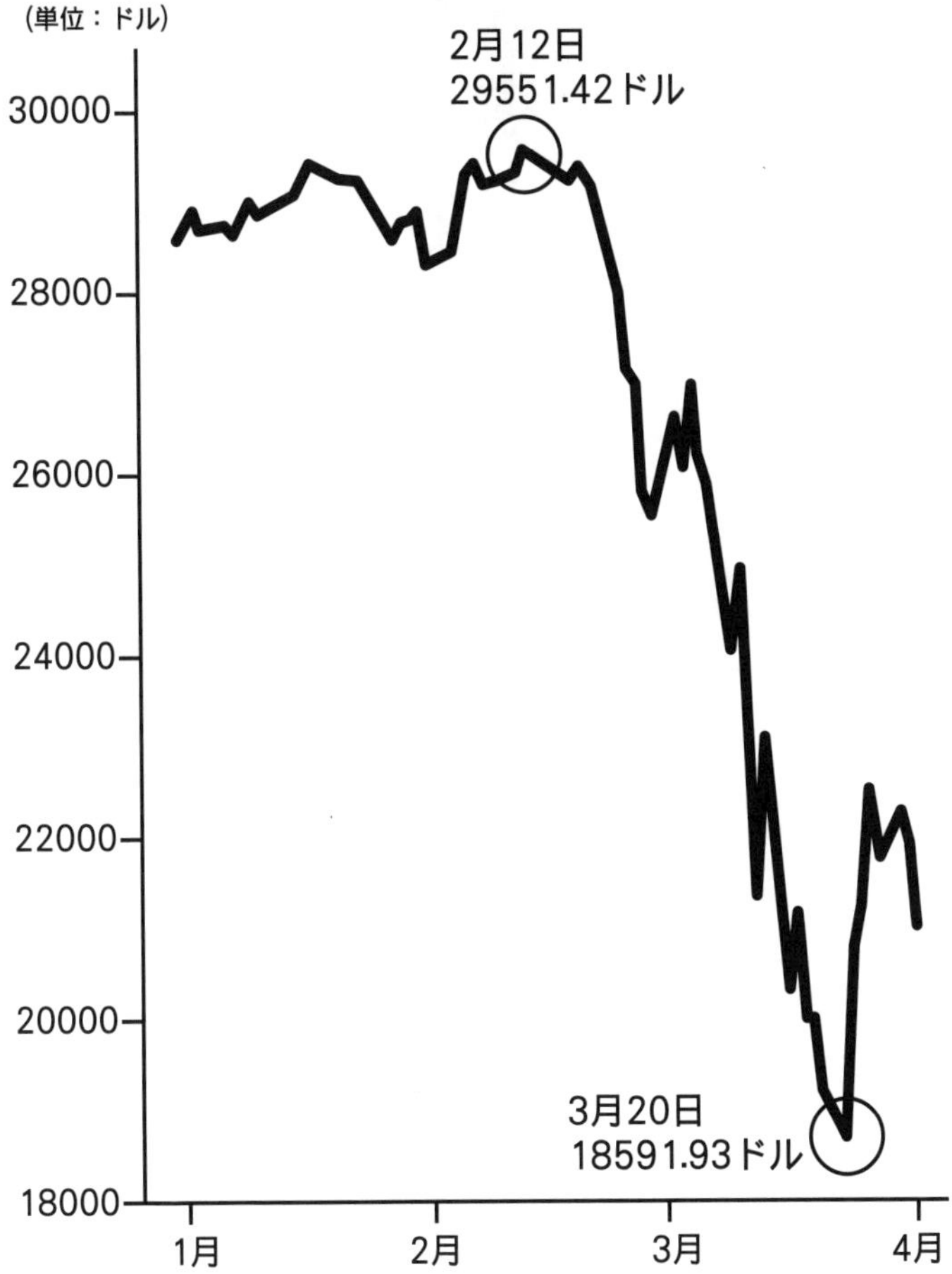

れている」と強気を維持する金融市場に警鐘を鳴らした。同氏は、一月末にも「市場はねずみ講も同然」としていずれに崩壊へ向かうという認識を示していた。

二〇二〇年二月二二日：イタリアが後に段階的となるロックダウン（都市封鎖）を実施。アメリカの同日の感染者数は一五人に留まっていたが、この頃になるとそれまで他人事だと思っていた同国でも、にわかに緊張が高まり始めた。

二〇二〇年二月二五日：市場の先行き不安の指標とされるシカゴ・オプション取引所（ＣＢＯＥ）ボラティリティ指数、ＶＩＸが日中に三〇・二五を記録。ＶＩＸは「恐怖指数」とも言われ、三〇を超える水準では株価の大幅下落の可能性が高まっていること示唆しているとされる。事実、この前後から世界的にリスク性資産への警戒感が強まった。

二〇二〇年二月二七日：堰《せき》を切ったように金融市場の崩壊が始まる。この日、ニューヨークダウは一一九〇・九五ドル安と過去最大の下げ幅を更新した。

二〇二〇年三月三日：アメリカ連邦公開市場委員会（ＦＯＭＣ）が〇・五ポイントの緊急利下げを実施。政策金利に相当する、フェデラル・ファンド（ＦＦ）金利の誘導目標レンジを一～一・二五％に引き下げた。ＦＲＢ（米連邦準備制度理事会）による緊急利下げは、リーマン・ショック期にあたる二〇〇八年一〇月以来。

二〇二〇年三月七日：私はＮＺからハワイへ移動。南半球に位置するＮＺもこの頃になると街から徐々に人が減っていたが、ハワイはもっと閑散としていた。

二〇二〇年三月九日：イタリアがロックダウンを全土に拡大。また、ＯＰＥＣ（石油輸出国機構）とそれ以外の主要産油国で構成されるＯＰＥＣプラスの原油減産協議が決裂し、北海ブレント先物が一時三一％の下落を記録。

同日、ニューヨークダウは急落。二〇一三・七六ドル安とまた過去最大の下げ幅を更新した。私はハワイにいたが街は閑散としており、人があまりにも少ないからか、レストランでは珍しいほどの好待遇を受けた。新聞には「ブラックマンデー再来」（この日は月曜であった）という文字が躍っていた。

二〇二〇年三月一一日：ＷＨＯが新型コロナウイルスの「パンデミック」を宣言。パンデミック宣言は、二〇〇九年の新型インフルエンザ以来。

同日、マレーシアに住む吉田耕太郎氏（第二章で詳述）から「本日（日本時間夜）のニューヨークダウが再び急落する」との情報が入る。結果的に、この日のニューヨークダウは一四六四・九四ドル安となった。

二〇二〇年三月一二日：アメリカが、イギリス以外の欧州からの入国を三〇日間停止すると発表。

同日、ニューヨークダウが二三五二・六〇ドル安と、またも過去最大の下げ幅を更新した。

二〇二〇年三月一四日：スペインが非常事態宣言、事実上の国境封鎖を実施。

二〇二〇年三月一五日：ＦＲＢが緊急のＦＯＭＣを開催。ＦＦ金利の誘導目標レンジを一ポイント引き下げ、事実上のゼロ金利政策を導入した。ＦＲＢは二〇〇八年のリーマン・ショック後にゼロ金利政策を導入し、一〇年かけて二・二五から二・五〇％まで利上げしてきたが、今回のコロナショックでその貯金を取り崩した格好だ。

二〇二〇年三月一六日：フランスがロックダウンを発表。また、カナダが国境封鎖を実施した。

同日、前日のFRBのゼロ金利政策をあざ笑うかのように金融市場は大荒れの展開となり、ニューヨークダウは二九九七・一〇ドル安と過去最大の下げ幅を更新する。下落率もマイナス一二・九三％と、一九八七年のブラックマンデー（マイナス二二・六一％）に次いで歴代二位を記録した。

同日、ボラティリティ指数（VIX：恐怖指数とも呼ばれ、投資家の不安感を示す）が終値ベースでリーマン・ショック時を上回り過去最高を記録。この日のVIXは八二・六九で終了したが、それまでの終値ベースの最高は米議会が金融危機当時に自動車業界救済計画の採決を延期した二〇〇八年一一月二〇日に付けた八〇・八六。またVIXは、この日に一時八三・五六まで上昇し、二〇〇八年一〇月二四日に付けた日中ベースの最高値八九・五三に迫った。

二〇二〇年三月一七日：FRBは、企業が短期資金を調達するために発行するコマーシャル・ペーパー（CP）の買い取り、証券会社への融資制度という、リーマン・ショック時の緊急対策を復活させた。

同日、トランプ大統領は「私は、かなり前からパンデミックになると感じていた」と発言。アメリカの感染者数はこの時点で六四二一人まで膨らんでいた（死者数は一〇八人）。

同日、インターネット総合ニュースサイト「J―CASTニュース」の書籍紹介サイト「BOOKウォッチ」で、二〇一八年に発刊した拙著『二〇二〇年世界大恐慌』（第二海援隊刊）が今回のコロナ恐慌（における世界的な経済危機）を予期していたとして取り上げられる。

二〇二〇年三月一八日：米紙ウォール・ストリート・ジャーナルが、「米国では銀行や信用組合からの大量の現金引き出しで、一部支店の現金が不足する事態が発生している」と報じる。

二〇二〇年三月一九日：日経平均株価が今回のコロナショックの安値（日中：一万六三五八・一九円／終値：一万六九九五・七七円）を付ける。直近の高値からの下落率（終値ベース）は二九・三％に達した。

ブルームバーグによると、この日までの一ヵ月間で世界の証券市場の時価総

日経平均株価の推移（2020年）

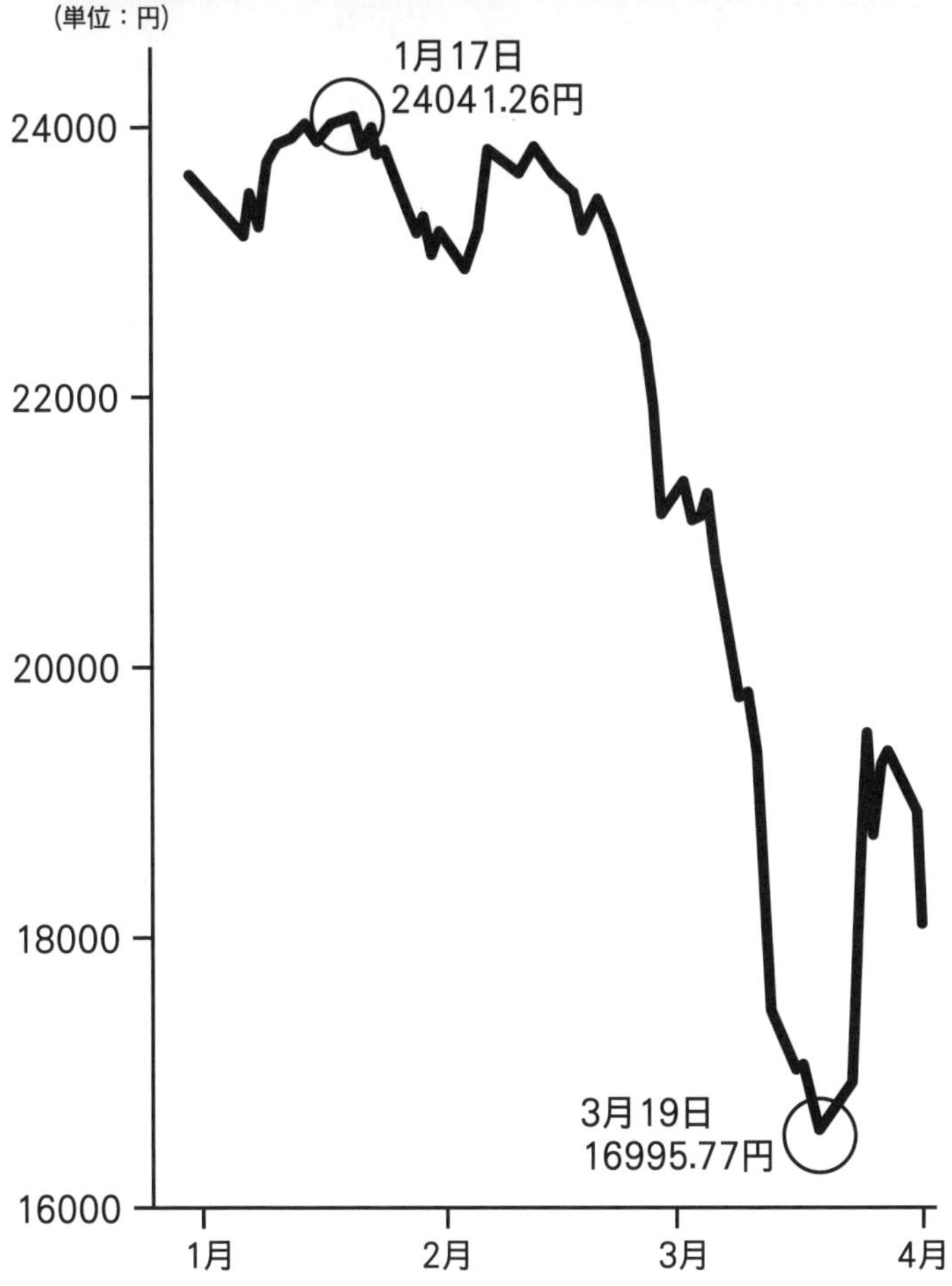

額は約二五兆ドル減少。一ヵ月前の八七兆八七〇八億ドルから二九・二％減少し、六二兆二五七二億ドルとなった。

二〇二〇年三月二〇日：ニューヨークダウが今回のコロナショックの安値を付ける（日中：一万八二一三・六五ドル／終値：一万八五九一・九三ドル）。直近の高値からの下落率（終値ベース）は三七％に達した。

二〇二〇年三月二三日：FRBは、無制限の量的緩和、特別目的事業体（SPV）を通じた社債の買い取り制度を導入。金融機関以外の企業への直接支援に踏み込んだ。

同日、NZ政府は「二日後から全土をロックダウンする」と表明。この時点でNZの感染者は一〇二人、死者ゼロ人だったが、厳格なロックダウンを早期に実施したことで、同国はパンデミックを未然に防いだと各国から称賛されることとなる（二〇二〇年六月三日の時点で人口五〇〇万人のNZの新規感染者数は一〇日以上連続でゼロ人で、死者は二十数人に留まっている）。

二〇二〇年三月二四日：ニューヨークダウは二一二一・九八ドル高と、史上最大の上げ幅を記録。

同日、日本政府は東京オリンピック・パラリンピックについて史上初となる延期を発表。

同日、二〇二〇年の経済危機を予告していたニューヨーク大学のヌリエル・ルービニ教授が米ヤフー・ファイナンスのインタビューに答え、「景気の沈滞が深刻な状況になり、大恐慌よりも深刻な大恐慌に悪化する可能性がある」とし、「V字、U字でもL字でもなくI字型に垂直落下するようだ」（中央日報二〇二〇年三月二八日付）と一切の楽観論を排した。

二〇二〇年三月二五日：『国家は破綻する』（日経BP社刊）の著者で米ハーバード大学のカーメン・ラインハート教授はブルームバーグのインタビューに対し、「世界経済がこれほどのもろさを見せたのは一九三〇年代の大恐慌以来だ」（ブルームバーグ二〇二〇年三月二五日付）と警告。

二〇二〇年三月二六日：アメリカの週間新規失業保険申請件数が三月一五～二一日の一週間で過去最大の三二八・三万件を記録。前週の二八万二〇〇〇件から急増した。ちなみに、リーマン・ショック期の最悪の週でも同申請件数は六六万五〇〇〇件に過ぎず、当時は二〇〇八〜〇九年にかけて毎月七五万人が失業し、景気後退期全体を通じて八七〇万人が職を失っている。今回のコロナショックでは、極めて短期間のうちにその数を大幅に上回る見込みだ。米国の失業率は、夏場にかけて一九三〇年代に記録した二五%を超えるという予想もある。

二〇二〇年三月二七日：アメリカの感染者数が前日から一気に増え、累計で一万人を突破した。

警戒すべきトレンドその1――「コロナ第二波」

さて、ここまで二〇二〇年一〜三月のイベントを大雑把に振り返ってきたが、昨年末のバラ色の予想から一転して極めて短期間のうちに地球全土が地獄と化した様子が読み取れるだろう。おそらく、ここまで短期間のうちにそれも世界全体の経済が急激な落ち込みを見せたことはかつてない。まさに、電光石火のごとく修羅場が訪れた。

四月に入っても、極めて異例と言える事態が相次いでいる。四月七日には日本政府が緊急事態宣言を発令、九日にはＦＲＢが低格付け債券の購入という禁じ手に踏み込み、一三日には国内店頭金価格が一グラム＝六五一三円と四〇年ぶりに史上最高値を更新した。また、一七日には中国経済が近代史上で初めてマイナス成長に陥ったと発表され、二〇日にはニューヨーク原油先物価格が史上初のマイナス価格を付けている（最安値マイナス四〇・三二ドル）。

しかし、世界の株式市場は四月に顕著な持ち直しを演じた。実体経済の悪化とは裏腹に、アメリカの代表的な株価指数Ｓ＆Ｐ５００は月間で一三％上昇と一九八七年以来で最大の上昇率を記録している。これは端的に、各国の中央銀行による流動性支援によるところが大きい。

二〇二〇年に入り、各国の中央銀行がなり振り構わぬ姿勢で金融市場を救援した結果、中央銀行のバランスシートは急激に膨らんだ。ＦＲＢ、欧州中央銀行（ＥＣＢ）、日本銀行の三行だけで総資産は米ドル換算で約一八兆ドル。国際通貨基金（ＩＭＦ）によると、二〇一九年末の全世界ＧＤＰの合計は九〇兆八四七五億ドルなので、対ＧＤＰ比二〇％という規模だ。これが、二〇二〇年末には二五％を超えると言われている。まさに、前代未聞だ。

こうした、極めて大規模な流動性支援が資産市場の下支えに効果的だということは、先のリーマン・ショックで判明している。

しかし、資産市場の持ち直しとは逆に、実体経済の先行きは暗いと言わざるを得ない。現状は、各国の財政政策と金融政策が協調してなんとか金融市場の安定を実現させているが、現行のポリシー・ミックス（財政と金融の協調政策）がどこまで需要と雇用を回復させられるかは未知数だ。端的に言って、ポリシー・ミックスはワクチンではない（感染症を退治できない）。

今後、私たちが気を付けるべきトレンドは三つ。まずは「コロナ第二波」の到来、次に「米中激突」という地政学リスクの沸騰、そして中央銀行の「フィスカル・ドミナンス」（財政従属）だ。

まず、「第二波」への心配だが、過去のパンデミック、たとえば一九一〇年代のスペインかぜや一九六〇年代の香港かぜでは第二波が発生しており、しかも第二波の方が被害は拡大している。今回の新型コロナウイルスが第一波だけで終わるという保証はない。

ドイツの公衆衛生研究所、ロバート・コッホ研究所のローター・ワイラー所長は英紙タイムズに対し、「第二波が来ることは確かだ。大多数の科学者は確信している」とコメント。続けて、「これは世界的な流行だ。世界的な流行では、人口の六〇％から七〇％が感染するまで、このウイルスは我々の警戒すべきリストに残る」とし、第二波だけでなく「第三波の可能性も想定している」と指摘した。

ブルームバーグのコラムニスト、ノア・フェルドマン氏（米ハーバード大学教授）は二〇二〇年五月八日付のオピニオンで「最悪のシナリオに今こそ備えよ」と警鐘を鳴らしている。同氏は、「新型コロナウイルスを巡り、科学分野と金融市場からは悲喜こもごものニュースが絶えず流れてくる。そうした中、最も恐ろしいシナリオは簡単に見過ごされてしまう。つまり、特効薬は出てこないというシナリオだ」と指摘。「約九〇種のワクチンが研究され、一部で臨床試験が行われているのは励みになる。数が多ければ一つぐらいは成功するとわれわれは考えがちだ。しかし、非常に低い確率のものをいくら多く集めたところで、高い確率で一つが成功するとは限らない」とし、「われわれはワクチンがあと一年半は手に入らないというのを非常に多く聞かされてきたため、一年半後には手に入るようになるという全く別のメッセージに混同し始めたようだ」と安易な楽観を戒める。仮に特効薬が開発されなかったとすれば、議論は「集団免疫」（人口の大部分がウイルスに感染して免疫を獲得すること）に移り、その場合は「実際の致死率にもよるが、それは世界中で数百万人もの死者が出る可能性があることを意味する」と断じた。そして、「こうしたシナリオは指摘するだけで気が滅入《めい》る。しかし、結果が恐ろしいからと言って、それがなくなるわけではない」（以上、ブルームバーグ二〇二〇年五月八日付）と述べている。

確かに、フェルドマン氏の言う最悪のシナリオの可能性もゼロではない。また、たとえワクチンの開発に成功したとしても、それが多くの人に行き届くま

主な経済危機

1929年 **世界恐慌**	世界の貿易額が32年までに6割前後減少（29年比）。鉱工業生産（ソ連除く）は約3割縮小
1973年 **第1次石油危機**	原油価格が急騰。74年の成長率は米国がマイナス0.5%、日本がマイナス1.2%
1979年 **第2次石油危機**	世界全体の成長率が82年に0.6%に
1997年 **アジア通貨危機**	韓国、タイなどアジア諸国から資金が逃避。98年の世界全体の成長率が2.6%（前年は4.0%）に急減速
2000年 **ITバブル崩壊**	米国でハイテク企業の株価が急落。01年の世界全体の成長率が2.5%（前年は4.8%）に急落
2008年 **リーマン・ショック**	世界的に金融危機が波及。09年の世界全体の成長率はマイナス0.1%に
2020年 **新型コロナ・ショック**	IMFのゲオルギエワ事務理事が「世界恐慌以来、最悪の景気低迷に陥る」と言及

成長率は実質ベース　　IMF、内閣府資料のデータを基に作成

では相当な時間を要するだろう。開発と供給（大量生産）は、別の次元の問題だからだ。

新型コロナウイルスの感染拡大、具体的には今秋や今冬にも訪れる可能性のある第二波を防ぐことができなければ、金融市場は二番底を付け、実体経済がさらなる落ち込みを見せるのは火を見るよりも明らかである。

二〇二〇年五月七日、ＩＭＦのチーフエコノミストであるギータ・ゴピナート氏はアメリカの外交問題評議会が主催したウェブキャストで、「この危機がすぐに去らないことをわれわれは知っている」と指摘。「事態は悪化する可能性がある。衛生危機は解決していない」（ブルームバーグ二〇二〇年五月八日付）とし、金融市場には混乱の波がさらに押し寄せる可能性があると警告した。

幸いにも第二波が訪れなかったとしよう。それでも、経済がＶ字型で回復する望みは薄い。前回のリセッション（景気後退）は二〇〇七年一二月に始まり、一年半後の二〇〇九年六月まで続いた。その他の過去のリセッションを振り返ってみても、景気の落ち込みは概して一年は続いている。過去の例にならえば、今回のコロナショックも二〇二一年の中盤までは尾を引きそうだ。

ＭＵＦＧ（ニューヨーク）の主任エコノミスト、クリス・ラプキー氏は、貿易の面からしても停滞が長引くと予想し、以下のように指摘している——「封鎖（ロックダウン）されている国同士の貿易は今後も落ち込みが続き、第二の世界恐慌が訪れるだろう。前例のない公衆衛生危機に伴い世界中で慎重姿勢が強まる中、国際化の流れが元通りになるまで何年もかかる恐れがある」（ロイター二〇二〇年五月六日付）。

一部には「感染症拡大が止まれば需要や雇用が即座に復活する」という楽観的な予想もあるが、人々に根付いた恐怖心は簡単に払しょくされないだろう。著名投資家のジョージ・ソロス氏がよく口にするように「割れた卵は戻らない」のだ。今回の回復過程は、良くて「Ｕ字」（緩慢な回復）、悪ければ「Ｌ字」（長期停滞）、途中で金融危機でも起ころうものなら「Ｉ字」（急降下）すら覚悟する必要がある。

警戒すべきトレンドその2――「米中激突」

激化する米中の対立も懸念材料だ。米中の対立は今に始まったことではないが、新型コロナウイルスの感染拡大は両者の関係悪化に拍車をかけており、世界経済の先行きに暗い影を落としている。

「これは米国が受けた本当に最悪の攻撃だ。中国は防ぐことができたのに、そうしなかった」――二〇二〇年五月六日、トランプ大統領は新型コロナウイルス感染症が「第二次世界大戦の真珠湾攻撃より、9・11の世界貿易センターのテロ攻撃よりも悪い」（BBCニュース二〇二〇年五月七日付）とまで述べ、中国を批判した。

トランプ大統領が言うように、アメリカにおける新型コロナウイルスによる死者数は約七万四〇〇〇人（二〇二〇年五月六日時点）と、真珠湾攻撃の死者・行方不明者数約二四〇〇人、9・11同時多発テロの死者・行方不明者数三〇〇〇人より多い。ベトナム戦争の死者・行方不明者数五万八〇〇〇人をも上回る。

米政府関係者からは死者数だけでなく、米GDPに年間一兆ドル、株価に四兆ドルの損失が出たとして、損害賠償を中国に請求しろという声が後を絶たない。トランプ大統領やマイク・ポンペオ米国務長官が繰り返す、「コロナウイルスが中国で人工的に作られた」という説や「たとえ故意ではなくとも、武漢研究所から事故的に流出した」という説の確たる証拠は示されていないが、中国政府による初期の情報発信が大幅に遅れた可能性は否めず（何より中国政府は新型コロナウイルスを過小評価してWHOに報告した可能性が高い）、アメリカでは政府関係者だけでなく国民の対中感情も大幅に悪化している。

米世論調査大手ピュー・リサーチ・センターが二〇二〇年四月二一日に発表した資料によると、アメリカ人の約三分の二が中国に対して否定的な考えを抱いていることがわかった。これは、同センターが二〇〇五年に調査を始めて以来、もっとも高い水準だ。また、約九割が中国の影響力や権力を脅威とみなし、中国の習近平国家主席に対する信頼度も過去最低を記録した。

中間選挙を控えるトランプ大統領はこうした世論を確実に意識しており、二〇一九年末に中国が二五〇〇億ドル（約二七兆円）規模の米国産農産物や製品の購入を約束した第一段階の貿易合意を履行しないなら、報復関税を賦課するとチラつかせている。このコロナ禍で中国側が合意を履行できないのは、ほぼ確実だ。トランプ大統領は他にも対中訴訟や制裁強化などについても言及している。

アメリカに限らず、イギリスなど世界では今「中国清算論」が高まっており、二〇二〇年四月末の時点で少なくとも八ヵ国が中国に訴訟を起こした。具体的にはアメリカ、イギリス、イタリア、ドイツ、エジプト、インド、ナイジェリア、オーストラリアの政府や民間機関が「中国の対応が遅れた結果、感染拡大が起こり自国に大きな損害を与えた」として中国に賠償を起こしている。その合計額は、約一〇〇兆ドル（約一京七〇〇〇兆円）に達した。中国のＧＤＰの七倍にのぼる。

中国の実質GDP（前年同期比）

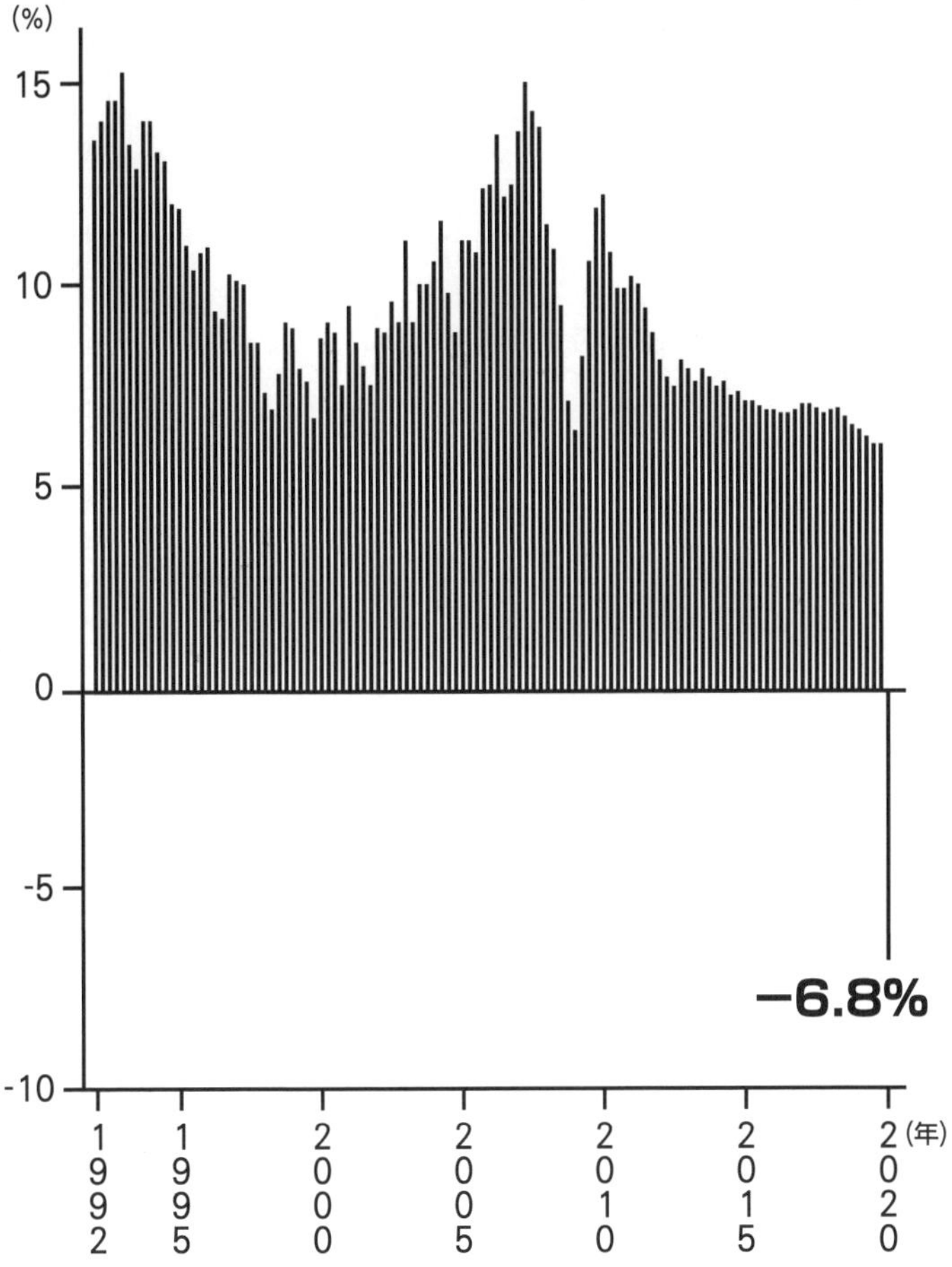

リフィニティブ・データストリームのデータを基に作成

もちろん、これらはあくまでパフォーマンスに過ぎない。たとえばアメリカ国では、外国政府が被告として提訴された場合は裁判権免除となる「主権免除」が適用されるため、裁判所が訴訟を受理することは難しい。ただし、アメリカは国内法で外国主権免除法（ＦＳＩＡ）を制定しており、主権免除の例外を認めている。詳細は省くが、今回これが適用可能だという有識者も増えてきた。

対する中国では、「庚子賠款《こうしばいかん》」の再来として警戒を強めている。庚子賠款とは、一九〇〇年の義和団事件で西欧列強に惨敗した結果、イギリス、アメリカ、ロシア、日本など一一ヵ国から四億五〇〇〇万両の賠償金を約束させられたことだ。各国で相次ぐ提訴に対し、中国共産党の機関紙である人民日報は「損害賠償請求の茶番劇は文明に対する恥ずべき行為」だとし、一切の責任を負わない姿勢を鮮明にしている。しかし、世界各地で感情的にも中国清算論は高まるばかりだ。

これは余談だが、庚子賠款の「庚子」には中国で不吉な意味がある。日本の干支は「十二支」が一般的だが、中国の干支は六〇あり、六〇年ごとにやってくる「庚子年《かのえね》」には悪いことが起こると言い伝えられているのだ。直近では一八四〇年のアヘン戦争、一九〇〇年の義和団事件、一九六〇年の大躍進政策（による飢饉）が起きており、そして二〇二〇年のコロナ禍と続いている。近年の中国経済は債務まみれになっており、同国がさらなる災難に見舞われる可能性は決して低くない。少なくとも、米中対立のさらなる激化は必至であろう。ここにきて、武力衝突にまで発展するのではないかという観測も出てきた。

警戒すべきトレンドその３――「フィスカル・ドミナンス」（財政従属）

先進国側にも多くの問題が横たわっている。代表例が、中央銀行の「フィスカル・ドミナンス」（財政従属）だ。

経済学者の間では、今回のような感染症の拡大による需要や雇用の蒸発に対応するには、財政政策で需要や雇用を創出する他ないという点で一致している。一九三〇年代のニューディール政策のような壮大な財政政策が各国で求められているゆえんだ。

しかし、主要先進国の財政余力は極めて限られている。格付け大手のフィッチ・レーティングスのソブリン格付け世界責任者のジェームズ・マコーマック氏は直近のリポートで、次のように断じている——「主要七ヵ国（G7）について いうと、新型コロナウイルスに対応するための財政余力はほとんどない」。政府の財布に余力がないとすれば、もはや金融政策が財政をサポートする他ない。そして、それらはすでに多くの先進国で実行されている。日米欧が好例だ。

政治家や中央銀行は真っ向から否定するが、もはや先進国は財政ファイナンスに片足を突っ込んでいる。財政ファイナンスとは、政府が発行した国債を中央銀行が買い取り、現金を手にした政府がそれを使うことだ。要は、中央銀行を〝打ち出の小槌〟にしてしまうことである。

確かに、現時点で露骨な財政ファイナンスを実行している国はない。しかし、中央銀行は政策金利の引き下げや債券の買い取りで政府の利払い負担を軽減するようにサポートしている。このことに疑いの余地はない。三六ページでも述

米国（先進国）、中国（新興国）の負債総額

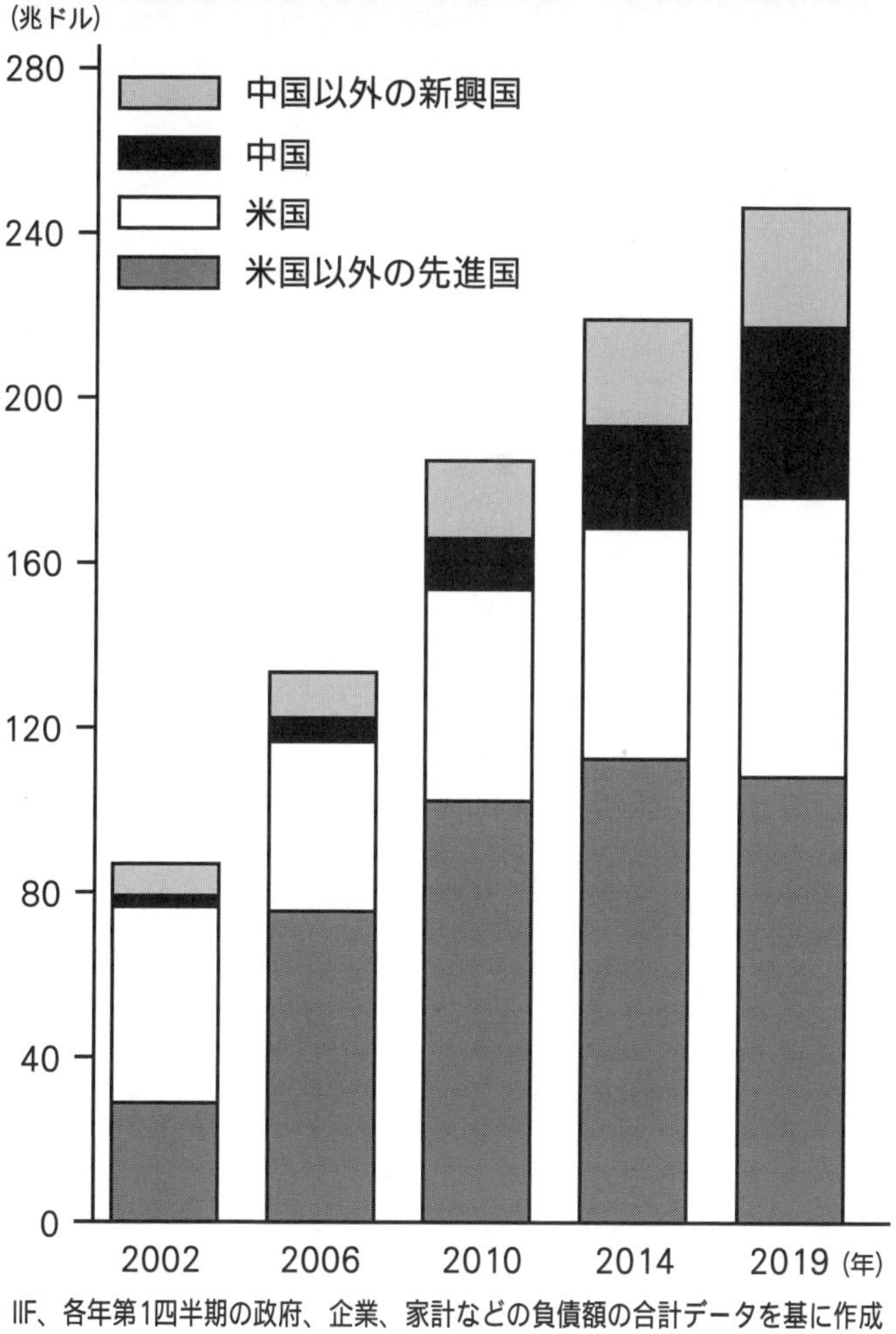

IIF、各年第1四半期の政府、企業、家計などの負債額の合計データを基に作成

べたが、これを「ポリシー・ミックス」という。

ポリシー・ミックス自体は決して悪いことではないが、歴史を振り返るとポリシー・ミックスの長期化は往々にしてインフレを生じさせてきた。なぜかというと、たとえば物価上昇が起こった場合や景気が過熱しそうな場合など、本来であれば中央銀行が利上げで対応する。しかし、中央銀行が政府の財政を気にして利上げを怠ってしまう事態が生じるのだ。こうした事例は、過去に幾度となく確認されている。

ブルームバーグ（二〇二〇年五月一日付）は以下のように説明している――「この問題はエコノミストの間で、財政悪化で金融政策が制約される『フィスカル・ドミナンス（財政従属）』として知られる。極端な場合、政府が求める資金を全て中央銀行が提供する状況を意味する。過去の事例を見れば、これはインフレ高進、しかも多くの場合、急激な物価上昇を招くことになる」。

ＩＭＦが二〇二〇年四月一五日に発表した世界各国の財政モニターによると、二〇二〇年に世界全体の政府債務は急激に膨張する見通しで、対ＧＤＰ比で九六・四％に達するという。前年比一三・一％増だ。日本の政府債務の対GDP比は、同年に二五一・九％と一四・五ポイント上昇する見通しだ。

報告書によると、各国政府による新型コロナ対策の規模は七兆八〇〇〇億ドル（約八三〇兆円）。このうち、個人や企業への経済的支援など直接的な費用だけで三兆三〇〇〇億ドルにのぼると推計した。反面、景気悪化で「歳入は急激に落ち込む」と分析している。仮にコロナの第二波、そして第三波でもこようものなら政府債務のさらなる膨張は避けられない。そうは言っても、需要や雇用が蒸発した状態では、政府が個人に現金を支給したり、企業の債務を肩代わりする以外に経済を維持する明確な方法は見当たらない。

これは大胆な予想に聞こえるかもしれないが、いずれヘリコプター・マネーのような形で民間にバラ撒いたり、財政ファイナンスによって民間の債務を肩代わりしようとする国家が出てくるだろう。そして、そういう国の通貨の信認は徐々に棄損して行く可能性が高い。

世界最大のヘッジファンド会社であるブリッジウォーター・アソシエイツの

創業者であり著名投資家のレイ・ダリオ氏は、今夏に発刊予定の自身の著書で中央銀行による紙幣の増刷自体は必ずしも悪いことではないが、中央銀行は最終的に通貨を切り下げるので大半の通貨が破壊されるとの見方を示している。そして、これからの時代に「現金はゴミ」だと喝破する。

ヘッジファンド運営会社チューダー・インベストメントの創業者で最高投資責任者（CIO）のポール・チューダー・ジョーンズ氏の見通しも同じだ。同氏は、自身のレポート「グレート・マネタリー・インフレーション」（二〇二〇年五月七日付）で、全世界のGDPの六・六％に相当する三兆九〇〇〇億ドル（約四一七兆円）の貨幣が二〇二〇年二月以降に増発されたと指摘。「グローバル規模で、しかもこれほどのスピードでそれは起きており、私のようなベテランでさえ言葉を失う」と断じ、大いなるインフレの到来を予想した。

ところで、今回の大恐慌のグラウンド・ゼロ（爆心地）はパンデミックではなく、積もりに積もった世界の累積債務にある。今回のパンデミックは、きっかけを与えたに過ぎない。

世界主要国の政府債務の対GDP比

	2019年	2020年
世界全体	83.3%	96.4%
日　本	237.4%	251.9%
米　国	109.0%	131.1%
ユーロ圏	84.1%	97.4%
中　国	54.4%	64.9%

2020年は予測

IMFのデータを基に作成

国際金融協会（ＩＩＦ）によると、世界全体の債務残高は二〇一九年四～六月期に二五〇兆九〇〇〇億ドル（約二京七〇〇〇兆円）と過去最高を更新している。過去一〇年間の増加率は五〇％以上に達した。

世界経済は、完全なる袋小路に入っている。これら巨額の債務は、どういう形であれ再編されるだろう。それは、インフレのような痛みを伴うものになるに違いない。

第二章　株価は第二波暴落へまっしぐら!?

「歴史は繰り返す」——それは株価も同じこと

「相場は悲観の中に生まれ、懐疑の中で育つ」——アメリカのカリスマ投資家、ジョン・テンプルトン氏は、その五〇年以上にわたるキャリアで常に市場を「アウトパフォーム」（市場の上昇率を常に上回ること）してきた。その投資哲学は後の多くの投資家たちに影響を与えたが、その中でも特に有名な言葉の一つが冒頭に挙げたものだ。

本稿を執筆している五月上旬時点は、まさに「コロナショック」によって実体経済は悲観的（というより絶望的⁉）状況にあるが、一方でいくつかの明るい材料も取り沙汰されている。そして、特に株式を筆頭とした金融市場では、それを先取りするかのように相場が急回復を見せている。まさに、「悲観の真っ只中」に上昇相場が生まれたというわけだ。

第一章で見てきた通り、二〇二〇年二月中旬を境にして、世界は悪夢のような地獄に突き落とされた。もちろん、その〝地獄の使者〟は、新型コロナウイルス「ＣＯＶＩＤ―19」である。当初、その感染力は甘く見積もられていたが、瞬く間に国境を超えて感染爆発するや、世界中で死者と重症者を生み出した。

特に、感染拡大が深刻だったアメリカやイタリア、スペインなどでは病院が患者であふれ返った。医療物資と人員不足で患者全員を助けられないのは明白で、医療現場は救う人間と見限る人間を選ぶという、「命の選別」の極限状態となった。さらに、その医療従事者がウイルス感染して死亡するという事態も発生し、医療現場は崩壊した。それ以外の国でも医療崩壊は深刻な問題として認識され、各国はなんとかして拡大ペースを抑止するため国境封鎖や渡航制限、さらには一部の国家や都市では外出禁止令という、より強力な制限を行なった。

企業活動も当然のごとく停止を余儀なくされたわけで、世界中の主要都市から人気が消えた。その様子は、人類滅亡の危機をテーマにしたＳＦ映画のワンシーンのようであった。

この実体経済の地獄を映し込むかのように、株価は世界中で大暴落した。筆頭は歴史的最高値を更新し続けていたニューヨークダウだ。二月一二日に付けた歴史的最高値の二万九五五一ドルから、そのわずか一ヵ月後の三月二三日には一万八五九一ドルと一万ドル以上も下落、その間には一日での史上最大幅となる二九九七ドルもの下げ幅を記録した。

日経平均も負けてはいない。二月二〇日の二万三四七九円から三月一九日には一万六五五二円と、七〇〇〇円近くも下落している。特に、三月九〜一三日の週には三三一八円の下げを記録、週間下げ幅の過去最大を記録した。

欧州市場も同様に、ドイツ、イギリスなど主要国で一日に一〇%超の下げ幅となる過去最大級の下落を含む暴落を見せた。イタリアに至っては、三月一二日に一日で一七%もの大暴落を記録している。そして、この大暴落の期間でも特にひどかったのが三月九〜一三日の一週間で、世界中の株式時価総額は一〇兆ドル(約一〇七〇兆円)も消失したという。

しかし、今回の「コロナ暴落」においても、相場の格言はいまだ有効であった。つまり、これほどの暴落と新型ウイルスの恐怖にあっても、株価はきっちりと心理的目安までの急回復を見せたのだ。

底値を付けたのは各国とも三月二〇日前後だったが、この時期、コトの元凶である新型ウイルスは世界中でその猛威を拡大中であり、経済の立て直しが語れるような状況では到底なかった。アメリカでは緊急事態宣言が発令され、ニューヨークでは医療崩壊がまさに始まっていたタイミングである。日本においても、小池東京都知事が「今が正念場」と不要不急の外出を呼びかけ、それにも関わらず春分を含めた三連休では好天の影響もあって人が街に繰り出し、結果として四月七日の緊急事態宣言に繋がって行く、そんな時期だった。にも関わらず、株価は上昇に転じた。

そしてその後、株式市場は実体経済や社会情勢とは一見まったく関係ないかのように着々と値を戻したのだ。ついには、四月中旬にはニューヨークダウが「半値戻し」の目安となる二万三八九〇ドルを上回り、さらに節目となる二万四〇〇〇ドルも超える急速な回復を見せた。日経平均も、そこから遅れること半月後の四月三〇日に「半値戻し」を達成したのである。

さらに、その勢いは「半値戻し」に留まらなかった。五月以降も株価はできすぎともいえる急回復を見せたのだ。

ニューヨークダウは五月末に節目の二万五〇〇〇ドル台を回復すると、六月に入ってさらに騰勢を強め、五営業日の六月七日には二万七〇〇〇ドル台にまで乗せてきた。日経平均も同様に、ゴールデンウィーク明けから二万円台前半で一週間ほど値固めすると、月末から六月初旬にかけては異例の七営業日連騰という上昇劇を見せ、二万三一〇〇円台にまで回復している。これは、「コロナ暴落」によって形成された窓（急激な価格変動で株価が不連続になること）がほぼ埋まり（その後の戻りで埋め合わされる）、コロナ相場に心理的な一区切りがついたと見ることもできる象徴的な水準だ。

未曽有の暴落から株価が急上昇するカラクリ

「株価は景気の先行指標」という通り、実体経済に先行して動く性質がある。

五月上旬時点でのコロナ禍に対する世界の対応進捗を考えると、確かに株価は今回も実社会の動きを先取りしたようにも見える。現段階で経済の復活はまだその兆しが見え始めたに過ぎないが、いくつかの好材料が出てきている。

最大の感染国であるアメリカでは、時期尚早との批判もありながらトランプ大統領が経済活動再開を公言し、規制緩和の動きを見せ始めた。日本では、緊急事態宣言の一ヵ月程度の延長となり、経済へのさらなる打撃は避けられなかったが、感染者数の増加スピードが減少基調に転じており、政府筋も徐々にコトの収束を見据え始めている。欧州各国でも経済活動の本格的再開にはとても程遠いものの、緩和の動きが徐々に見えてきた。

新型コロナ感染症患者への治療薬として期待が高まる「レムデシビル」は、わが国では五月七日に特例承認された。早晩普及することとなろう。根本的な対抗策としてはワクチンの開発が待たれるが、残念ながら新型ウイルスのワクチンには年単位の時間がかかる。ただ、いずれにしても事態の鎮静化による経済活動再開への期待が株価にも反映していると見ることができるかもしれない。

しかしながら、本当にそうなのだろうか。もし仮に、感染規模が沈静化し各国が経済活動を再開したとして、もし再び感染が拡大してパンデミック第二波となれば、世界は再び封鎖状態に陥るだろう。

さらに、企業活動はそう簡単に元には戻らない。一連の経済停止によって、中小企業は言うにおよばず大企業ですら資金繰りの危機を迎えている。ＡＮＡ、ＪＡＬ、日産自動車、三菱自動車、ソニー、リクルートなどの名だたる大企業が数千億円規模の資金融資を要請しているのだ。なんと、あの天下のトヨタ自動車に至っては、一兆円規模と破格の規模の融資要請を行なっている。ゼロスタートどころかマイナスからのスタートなのだから、企業業績へのダメージは必至である。

もちろん、株価の性質を考えれば、あれだけの大きく下げたのだから当然、その戻りにおいても勢いが付くものであるが、果たしてこの株価復調は本当に企業の実力を反映しているのか。あるいは、どこまで株価は回復し得るのだろうか。相場格言には「半値戻しは全値戻し」という言葉がある。暴落幅の半値を戻せば、やがて暴落前の水準までも取り戻すというもので、今回の「コロナ相場」では、「全値戻し」と言って差し支えない水準（コロナ直前の安値水準である二万三二〇〇円近辺）まで戻してきた。では、果たしてこの急回復相場にはさらなる続き、つまり引き続きの上昇はあり得るのか。

地獄は再びやってくる？

今回のコロナ禍で向こう一、二年中に想定される経済シナリオは、乱暴に言えば「天国」か「地獄」かの両極論に集約される。

世界中の人々を苦しめたコロナ禍を人類が団結して乗り越え、経済活動が爆発的な回復を見せれば、早晩株価は元の水準に戻り、そして再び高値更新基調に戻って行くという「天国シナリオ」である。

もう一方は、リーマン・ショックや一九二九年に勃発した世界恐慌のように、暴落の第二弾が到来し大恐慌への扉が開く「地獄シナリオ」である。

私も目下のところ、この点に重大な関心があり、各所から発信される実に様々な情報と、長年はぐくんできた世界中の金融関係者など貴重な人脈から得られる知見を総合してきた。そして、私は結論に達した。それは、長い人類の歴史という観点、すなわち数百年単位で見るなら「天国シナリオ」だが、目先の一、二年で言えば残念ながら「暴落第二波の到来」とその後の「地獄のシナリオ」が、ほぼ確実と言い切ってよいほどに極めて濃厚ということだ。

まず、実体経済の状況があまりにもひどく、いずれこれが株価にも、それ以外の金融経済全般にも波及することは必至という点だ。株価とは、言い換えれば企業が持つ社会的、経済的な価値だ。企業の業績実態に比べて株価が著しく高ければ、それはある種の「バブル」ということになる。通常の「バブル」ならば、株価がうなぎのぼりに上昇することでそれを目にするわけだが、今回に関しては、仮に株価が著しく上昇して行かなくともバブルの可能性がある。

どういうことかと言えば、企業実態の方がコロナのダメージで著しく傷んでおり、今はまだそれが株価に反映されていないだけ、ということだ。いずれそうした「ひどい実態」は、白日の下にさらされるだろう。この時、株価はすさまじい暴落劇を見せることになる。

ここで一つ疑問となるのは、すでに実体経済が最悪だろうことは明白なのに、なぜ株価はそれを織り込まず逆にさらに上がっているのか、という点だ。

これに関する解説として非常に興味深い論説がある。二〇二〇年五月六日付日本経済新聞のオピニオン欄に掲載された「流動性対策に踊る市場」というコラムだ。英フィナンシャルタイムズの米国版エディター・アット・ラージ（日本の新聞社で言えば編集委員に相当）のジリアン・テット氏によるもので、経済用語などが多数出てくるため、慣れない人には即座に理解がしづらいかもしれないが、実体経済がボロボロなのになぜ株価が上がって行くのか、それがいかに危険なことかを鋭い視点で説明している。

氏の論点を整理しよう。今回のコロナ禍で生じた経済的な問題をとらえる時、その要因を「流動性」としてとらえるのか、はたまた企業の「支払い能力」の問題なのか、どちらでとらえるかによって話が大きく変わるという。

実際、アメリカをはじめとした主要各国では、政府や中央銀行が「流動性」を確保しようという対策（リーマン・ショック時に行なって危機回避に成功した方法）に奔走しており、流動性を問題としているように見える。しかしながら、氏は今回の「コロナショック」は企業の「支払い能力」にこそ問題があるため、それでは多少の危機の先送りはできても、本質的に危機を食い止めることはできないと指摘しているのだ。

今少し噛み砕こう。世界中の中央銀行は、コロナ対策として総額で五兆ドル規模の資産購入を打ち出している。国債などの購入を通じて金利が低く保たれれば、企業が発行する社債の価格も維持される。企業はなんとか資金調達を継続できるわけだ。また、各国政府は中小事業者に向けた融資の増強も行なっており、資金繰りに対する支援を積極的に行なっている。

こうした対策は、リーマン・ショック時の危機対応が発端であり、そこでの成功体験から同様の対策を行なっているのだろう。

しかし、今回のコロナ問題における本質は「支払い能力」である。どういうことかと言えば、多くの企業にとって根本的な問題は、コロナによって「仕事ができなくなった」点だということだ。航空会社は利用客がいなくなり、百貨店や観光地には人が来なくなった。サプライチェーンが分断された自動車会社は車が作れなくなり、移動が制限されているため、そもそも車の需要も著しく低下している。さらに、コロナが収束しても元通りの状態に回復するまでに果たしてどれほど時間がかかるのか、あるいはそもそも回復できるのかすら、まったく見当が付かないのだ。

いくら国から融資を受けたり社債で資金繰りをしたりしても、無限には借金し続けることはできない。借りたものはいずれ返す日が来るわけで、もし元通りに仕事をして稼ぎを生み出せなければ、倒産への道をまっしぐらである。

リーマン・ショックでは、サブプライムローンの破綻によって金融機関に信用不安が広がり、お金の融通ができなくなって多くの会社が倒産した。こうした状況は、大まかに言えば「稼ぐ仕事はあるのに回すお金がない」わけだから、国や中央銀行が資金供給すればコトはすむ。しかし今回は、「借りるアテはあっても稼げない」わけだから、事態はより深刻だ。国が単に融資枠を拡大しても、返す当てもないまま融資で延命する「ゾンビ企業」が増えるだけだ。

何かのきっかけで融資が終了すれば、「ゾンビ企業」の群れは即座に死亡する。すさまじい連鎖倒産の嵐が吹き、恐慌まっしぐらだろう。それを避けるため国が融資を続ければ、今度は国がゾンビに吸い尽くされる。こうなれば、国もゾンビになる（成長しない国家に転落し、活力なく生きながらえる）か、はたまた死か（すなわち国家破産）を選ぶことになる。

氏が指摘した「企業が稼げない」という問題は、もう少し深い意味合いがある。今回のコロナ禍は、社会の在り方に大きな変化をもたらしつつある。今後、企業に求められる商品やサービスは大きく様変わりするだろう。その中で、必然的に企業の淘汰だけでなく業種の淘汰も起き得る。たとえ大企業であっても、その淘汰の波は容赦なく襲い掛かるだろう。

そのことを象徴するかのようなニュースも出始めている。現代最高の投資家のひとりとして有名なウォーレン・バフェット氏は、自身が経営するバークシャー・ハサウェイが保有するアメリカの航空株をすべて売却した。その理由こそが、「コロナで世界は変わる」というものだった。

長期的に企業価値が高まる企業の株式を、「バイ・アンド・ホールド」（買ったらひたすら保有）するのが氏の基本スタンスだが、その氏が航空株をすべて手放した意味は大きい。つまり航空会社とは、氏にとって「コロナ後に長期的に利益をもたらし得る企業ではない」ということなのだ。しかも、複数保有していた航空会社すべてということは、航空業界自体に明るい未来を見出していない（あるいは現在の株価水準が割に合わない）ということだ。

ちなみに、バフェット氏は最近気になる予言もしている。三月下旬に公表された、バークシャー社の株主向けの二〇一九年度末の年次書簡にこんなことが書いてあるのだ。「このバラ色の予測には警告が伴っています。明日、株価に何が起こるかわかりません。時折、市場の大幅な下落、おそらく五〇％以上の規模の下落があります」――つまり、短期的にはリーマン級かそれを上回る大暴落が起きる可能性に言及しているのだ。

バフェット氏が行なったような「企業（業種）選別」は、これから株式の世界だけでなく、実体経済の中でも大きな潮流となってあらゆる業種、あらゆる国におよぶだろう。そうなれば、大型株が次々と暴落するようなタイミングもそう遠からず到来するということだ。

同じく、暴落を予測する著名投資家はいる。「冒険投資家」の異名を持ち、「天才」ジョージ・ソロス氏とクォンタム・ファンドを運営していたジム・ロジャーズ氏だ。氏は、リーマン・ショックを引き合いに出して今回のコロナ危機をこう紐解く。「リーマンショック時は、まず金融危機が起こった。その後、金融から製造（二次産業、生産）、そしてサービス（三次産業、消費）という流れで経済がどんどん悪化していった」「今回の経済危機（新型コロナショック）は、それとは逆の流れで危機が広がっていくだろう。まず消費やサービスが落ち込み、企業業績が悪化、それが金融不安につながっていく」（東洋経済オンライン二〇二〇年五月一日付）。

先述の通り、リーマン・ショック時には、先進国政府や中央銀行が大胆で機動的な金融・財政政策を繰り広げて危機を封じ込めた。今回も同様に各国は動き始めており、アメリカ政府は最大二・二兆ドルの救済策を展開、ＦＲＢでも一一七兆円という破格の対策を決定しているが、ロジャーズ氏はそれでも危機の回避には否定的だ。

「もしラリー（上昇基調）が起こったとしても、それはきわめて『人工的に作られたもの』だ。最終的には、事態をさらに悪化させるだけのひどい政策を実行しているだけだ。根本的な解決を後回しにして、債務は増える一方だ。実態のない投資マネーだけがどんどん膨張し、最悪な結末になることは目に見えている」（同前）。前述のジリアン・テット氏と同様、本質的な問題として「債務増大」を指摘しているのがなんとも不気味だ。

さらに、より具体的に時期を特定して株価下落を指摘する者もある。米ダブルライン・キャピタルの最高投資責任者で「新債権王」の異名を持つ著名投資家ジェフリー・ガンドラック氏は、二〇二〇年内に景気後退入りする確率を九〇％と見込んでいる。その理由として、旅行関連業界や飲食業などの経済規模が著しく縮小すること、失業率は著しい悪化が予想されること、消費者の景況感を示す「消費者信頼感」も雇用悪化で急落するだろうことを挙げている。

一方で氏は、「短期的には株式がよい水準まで戻すだろう」とも言い、実際に見事当てている。三月二四日に発信したツイッターでは、「S&Pが二七〇〇まで戻す」と発言している。この発言の前日、二三日にS&Pは直近大底の二二三七ドルを付けその後二四四七ドルまで急激に回復していたが、二七〇〇ドルは到底見えてくるような状況にはなかった。

だが、そうしたタイミングで発した氏の「予言」は見事に的中し、四月八日には早々に二七〇〇ドル台を回復したのだ。

氏が「半値戻し」を意識していたかどうかは別にして、直近高値の三三〇〇ドル台から二二三七ドルまで下落したS&Pは、わずか二週間にして半値戻しを達成したのだ。このような氏の慧眼には、まったく恐れ入る。

ただ、株式市場が幾度も繰り広げてきた暴落局面の流れを知っている人たちからすれば、その動きの中にある種のパターン性があり、それを元にある程度の精度でこれから起きることを予見することもある程度可能だろう。中には、非常に優れた特殊感覚を持っていて、その時期をおおよそ見越すことすらできる人もいるのだ。

こうした著名投資家たちの見通しと、私が長年はぐくんできた国内外の金融関係者たちをはじめとした多彩な人脈からの情報を総合し、今回の暴落が本格的な恐慌の第一波となり、これから更なる暴落の第二波、第三波が到来すると見ている。タイミングとしては、かろうじて経済活動が再開し、多くの人々が一息ついた頃に到来する可能性が高いと見る。現在の流れから考えれば、それは二〇二〇年の夏から秋以降が危険とにらんでいる。

テクニカル分析から見る「株価の展望」

さて、典型的な暴落相場（世界恐慌やリーマン・ショックなど）では、ある種の「パターン性」が観測される。そして、私は今回の「コロナショック」でもその「パターン的暴落」が高い確率で起きるだろうと見ている。暴落第二波がくるとにらんだ根拠は、先ほどまでで触れたファンダメンタル（経済の基礎的条件）な要因の他に、この「パターン性」に合致する動きが随所に見られるためである。

まず注目したいのが、市場心理が今後さらなる上昇に転じると考えるにしては、今回の急落は「小さ過ぎる」点だ。三月の急落では史上最大幅の記録を塗り替えた市場が世界中で続出し、「額」の上では最大規模だったわけだが、しかし全体の下落「率」に直すと実はそれほどでもないのだ。

二月中旬から底値までの下落率は、ニューヨークダウが三六％超、欧州株式が平均で四〇％弱、日経平均が三〇％弱の下落率であった。

しかし、リーマン・ショック時の暴落前高値から最安値までの下落幅は、ニューヨークダウが五四％強、日経平均は約六二％だった。さらに、一九二九年の世界恐慌ではニューヨークダウは八九％もの下落を記録している。

今回のコロナ禍において、実体経済はリーマン・ショックを超え、世界恐慌並みともコメントされているわけだが、その一方で株価が「たった四割」しか下がっていないというのはどうだろうか。「まだ、もう一段底がある」と考えるのが自然だろう。

暴落相場というものは、実は一度で一変に大底までは到達しないものである。必ず数回に分けて暴落するのだ。これは実に不思議な法則性なのだが、たとえばリーマン・ショック時には「暴落↓小反発」を三度繰り返し、やっと底値に到達している。さらに世界恐慌では、一九二四年一〇月二四日のブラックサーズデーから六度もの小反発を経て、二年九ヵ月後にやっと底値を付けた。日本のバブル崩壊時も、一九九〇年の二月中旬〜四月初旬まで急落した日経平均はその後五月中旬まで一度値を戻し、夏から秋にかけて再び大きく下落している。

こうした相場の法則性は、わかってくると相場を大局でとらえるのに非常に有用である。それを利用した相場分析の手法が「テクニカル分析」と言われる分野で、実に様々な手法があり、また扱う人によって導き出される予測も実に様々である。

では、そうした分野の専門家は現況と今後をどうとらえ、見通しているのだろうか。残念ながら、私はテクニカル分析を専門とはしていないのだが、知人には長年にわたって優秀な実績を上げ、私が非常に信頼を置いているテクニカル分析の専門家がいる。「カギ足分析」という手法を用い、三〇年以上も市場分析を行なっている川上明氏だ。川上氏は現在シンガポール在住で、日本の金融機関での実務を経て現在はファンドマネージャーを本業としている。

川上氏が扱う「カギ足分析」では、株価の動きを独自の手法でチャート化し、その動きのパターン性から相場を読み解いて行くという方法を取る。氏は、この手法を用いると市場参加者の群集心理が透けて見え、それが相場の持つ「パターン性」につながるという。

実に興味深い観点なので、少々紙幅を割いて説明しよう。相場を決定する要因は実に様々あるが、どんな時代、どんな市場においてもほぼ不変のものがある。それは、市場参加者がいて収益獲得への「欲望」と損失に対する「恐怖」に常にさらされているという点だ。つまり、ある一定の「群集心理」が働いているということだ。

投資家たちは、市場に関係するあらゆる情報を基に投資判断を下すが、その判断が一〇〇％正しいとは限らない。そこには、「利益を取り逃すまい」「損をしたらどうしよう」という欲望や恐怖の感情が入り込みやすい。特に、相場のある特定の局面では多くの投資家がそのような心理状態に陥りやすく、同じような投資判断を下してしまうことが往々にしてある。

たとえば暴落相場において、多くの投資家が「さすがに売られすぎだ」と思う水準に株価が下がったとする。その時、彼らは経験則的に基づいて短期的な利益を狙った買いを入れ、それによって株価が一時的に反転上昇する。

しかし、それが「十分過ぎるほど売られ過ぎた」状態でない限り、そのまま株価が上昇して行くことはない。多少株価が戻るとかえってさらに売りが続出するのだ。そうすると再び売りが売りを呼び、前の底値を抜けてさらに暴落して行くのである。こうした現象の総体として、株式市場は暴落後がひと段落するとある程度値を戻し、そして再び下がって行くというわけだ。

これ以外にも「相場心理の紐解き方」はいろいろあるわけだが、せっかくなので氏がこれからの株価推移をどう見ているのか、四月中旬にインタビューした内容をここでざっと紹介して行きたい。川上氏とは例年、春にシンガポールで意見交換を行なうのだが、残念なことに今年は渡航ができなかったため、リモート取材を行なった。そのため、細かいニュアンスなどをとらえることはできなかったうえに、インタビューから一ヵ月半ほどの時間が経過しているので状況は当時と多少異なるところもあるかもしれないが、チャートの読み方や考え方、大筋のエッセンスだけでも非常に興味深いので参考にしていただきたい。

まず、川上氏が現在の相場状況について指摘したのは、「暴落相場は、その顔つきが似る」ということについてだ。先ほどまでの繰り返しであるが、氏の発言として挙げておこう。

「暴落や、恐慌時の株価の動きはどうしても似てくる。それはなぜかと言えば、人間が相場に抱く心理（恐怖と欲望）は時代によらず一定であるためだ。したがって、大きく下げた後に一旦値を戻し、そしてさらに下げるという繰り返しになるのはある種の必然と言ってよい」

そして次に、現在の株価の置かれている状況を、テクニカル分析の観点でこのように整理していただいた。

「日経平均は現在、長期的には『六〇年周期』という長期サイクルの上昇局面にある。ここ一二〇年ぐらいの長期レンジで見て、日経平均が長期で底を打ったのは一八九〇年、一九五〇年、二〇〇九年だ。二〇〇九年からの上昇サイクルの中にいるが、実は今はカギ足の観点では売り転換中（群集心理が売りに傾いている）の若境（下げが起きてからまだ日が浅い）にある。こういう局面では、心理的に売りが優勢できっかけ次第で人々が不安心理に駆られ、売りを仕掛けやすい傾向にある」

川上氏は、相場のパターン性やサイクル性には長期・中期・短期での時間軸があり、長期サイクルは二〇〇九年を起点とした上昇基調にあるととらえている。大雑把に言えば、その前の三〇年間つまり一九九〇年のバブル崩壊からの三〇年は下落基調というとらえ方だ。さらに遡ると、一九五〇年の朝鮮戦争特

『60年周期』がある

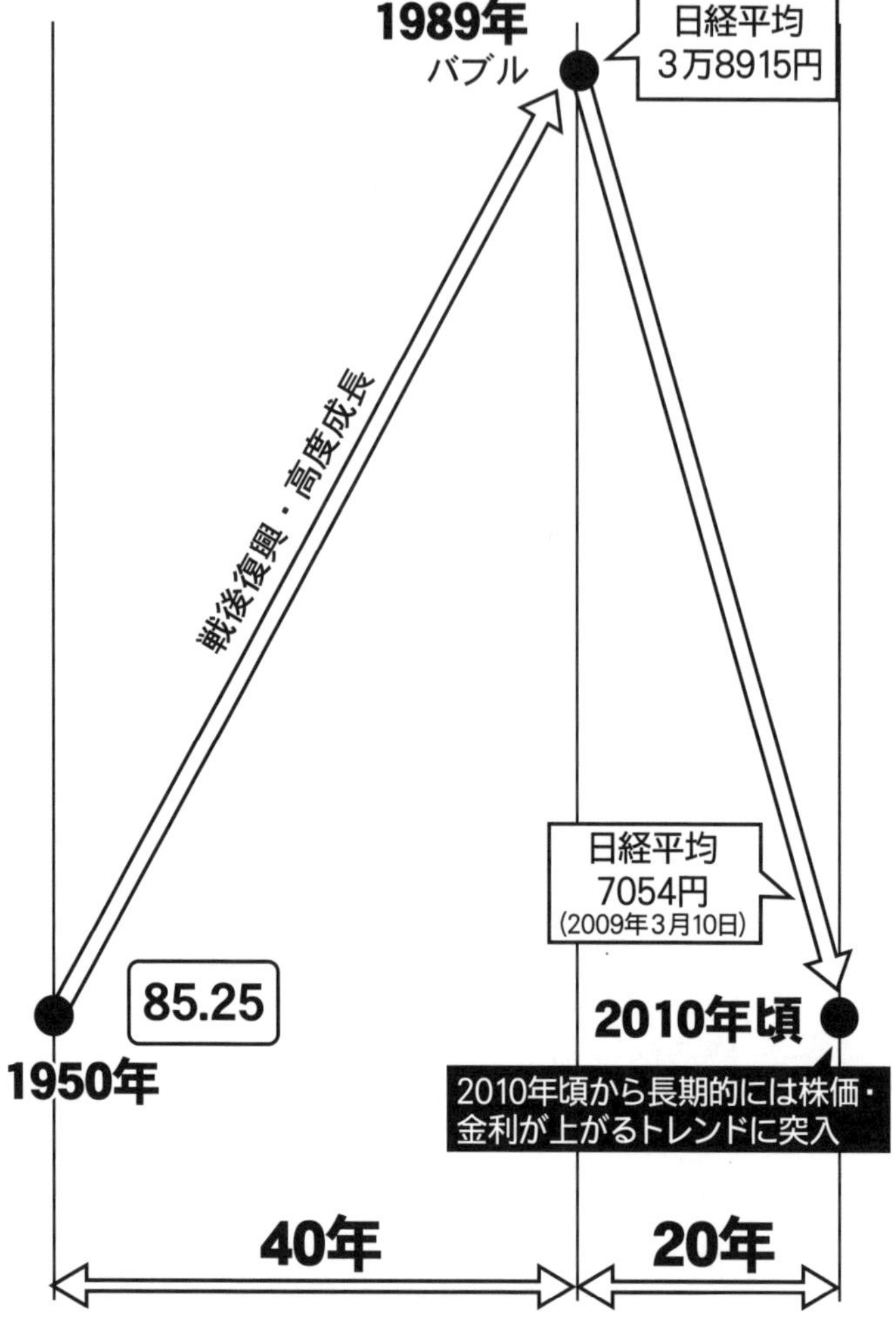

1989年
バブル
日経平均
3万8915円
戦後復興・高度成長
日経平均
7054円
(2009年3月10日)
85.25
1950年
2010年頃
2010年頃から長期的には株価・
金利が上がるトレンドに突入
40年
20年

株・商品・金利には

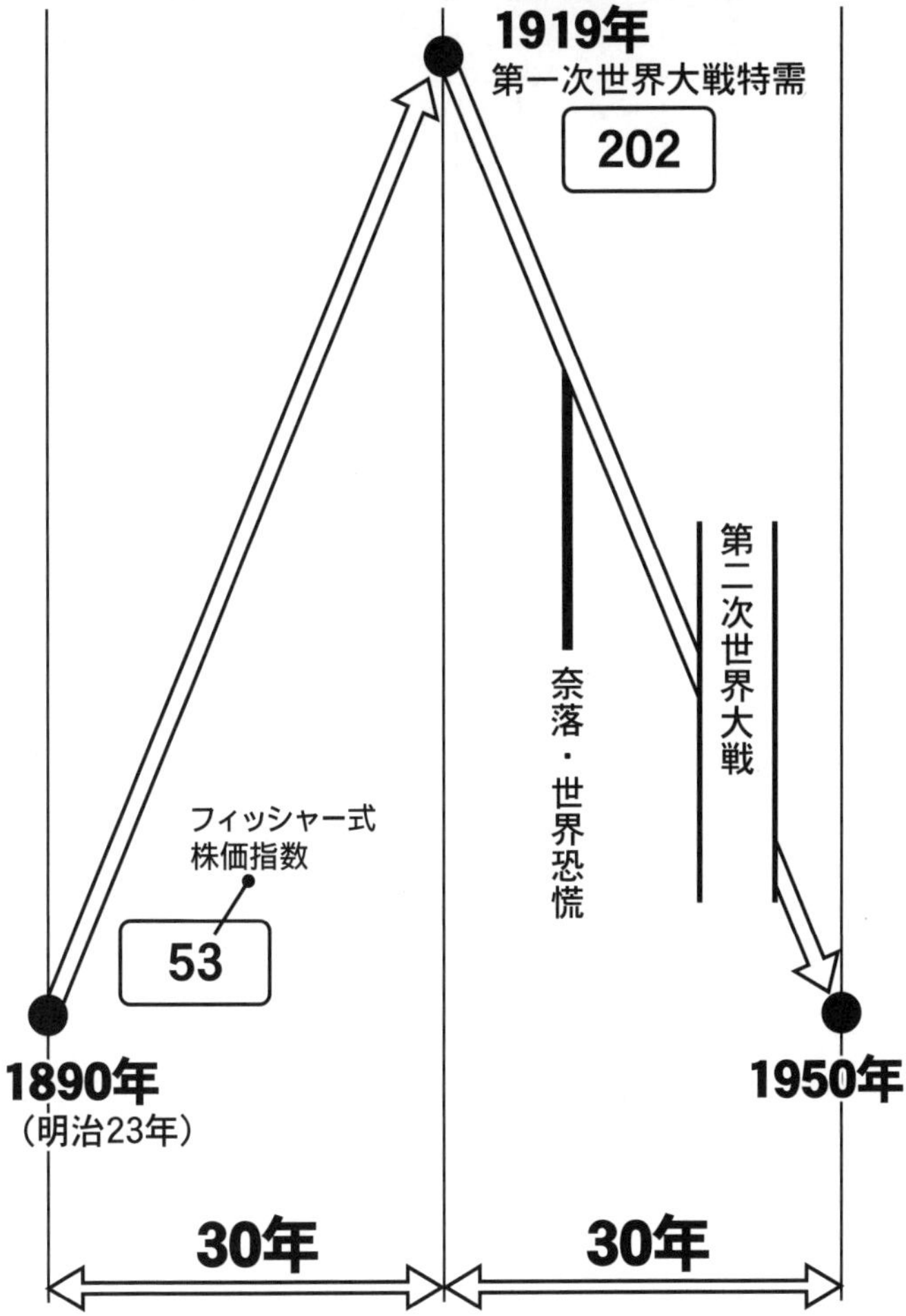
1919年
第一次世界大戦特需
202
奈落・世界恐慌
第二次世界大戦
フィッシャー式
株価指数
53
1890年
（明治23年）
1950年
30年
30年

需から高度経済成長期の約四〇年間が上昇期、一九二〇年の大正バブル崩壊から太平洋戦争の敗戦、戦後のドサクサを経て一九五〇年までの三〇年間が下落期、日本が列強入りの契機となる日清戦争の前の一八九〇～一九二〇年までの三〇年間が上昇期という形だ。

多少ずれはあるが、日本の株式はおよそ六〇年で上昇期から下落期の一サイクルを形成しているわけだ。二〇〇九年は歴史的な長期トレンドの転換点で、向こう二〇年から三〇年程度は株価が長期上昇トレンドにあるというわけだ。

一方で、これより短いサイクルでも上昇と下落は生じる。そして、「カギ足分析」ではその独自の手法で現在の市場が買い優勢の心理状況か、あるいは売りが優勢なのかを分析する。カギ足自体の説明は割愛するが、ある特殊な方法で株価変動を「カギ足チャート」に加工して行くと、特徴的な形（パターン）が出てくることがある。群集心理がはっきりと作用している時には、同じような形（パターン）が出てくることが多いため、それを手掛かりに現在の市場参加者たちの心理状態を推定し、その後の動きを予測するのだ。

そのカギ足分析によると、「売り転換中の若境」にあるという。人間の心理は、一度恐怖を覚えるとそれを忘れるまでに時間がかかる。すさまじい暴落劇を覚えている間は、多少株価が上がってきてもそう簡単に勝負には出られないものだ。さらに言えば、普段はそれほど重要視されないようなちょっとしたきっかけでも、「悪材料」として売りが発生すると、売りが売りを呼ぶ「雪崩《なだれ》状態」になりやすいというわけだ。

さらに分析を進めよう。

「リズムは三段上げ後の二段下げの状況。したがって先日の一万六五〇〇円ぐらいが目先の底値であることは六〇％ぐらいの高確率である。インタビュー実施の四月下旬時点では戻り上昇を試す段階で、どこまで値を戻すかが見どころ」

リズムとは、カギ足分析による市場心理の移り変わりのサイクルだ。これにもパターン性が見て取れる。たとえば、「売り転換」から「買い転換」に市場心理が変わって、再び「売り転換」に転じるまでを一サイクルと考える。そして再度「買い転換」になった時、前の「買い転換」より高値であればその株価は

「上昇リズムにある」と判断できる。つまり、中期では買い心理が優勢で株価が上昇しやすいと見られるわけだ。一方、その逆に前の「売り転換」開始時より今の「売り転換」開始時の方が安ければ、「下落リズム」というわけだ。

そして、「上昇」「下落」のリズムにもパターン性がある。典型的なのは、「上昇リズムは六割ぐらいの確率で三回続いてその後下落リズムに転じる」、「下落リズムは二回続いてから上昇リズムに転じる確率が高い」というもので、「三段上げの二段下げ」という言い方をする。つまり、今回の下げは中期リズムで言えば典型的な「三段上げの二段下げ」をしたため、次に「上昇リズム」になりやすいということだ。実際、株価は一万六五〇〇円から大きく上昇しているが、まさにパターン通りだったわけだ。

しかし、今の株価はそういうリズムの中にあるものの、心理状態は下げが起きやすい「売り転換中の若境」であることを加味すると、次のような見立てに繋がって行く。

「大きく下げると、その後の調整上昇の後に『やれやれ売りが出る』などと言

相場には上げ下げの「リズム」がある

相場のパターンは「3回上昇」「2回下落」を描くことが多い

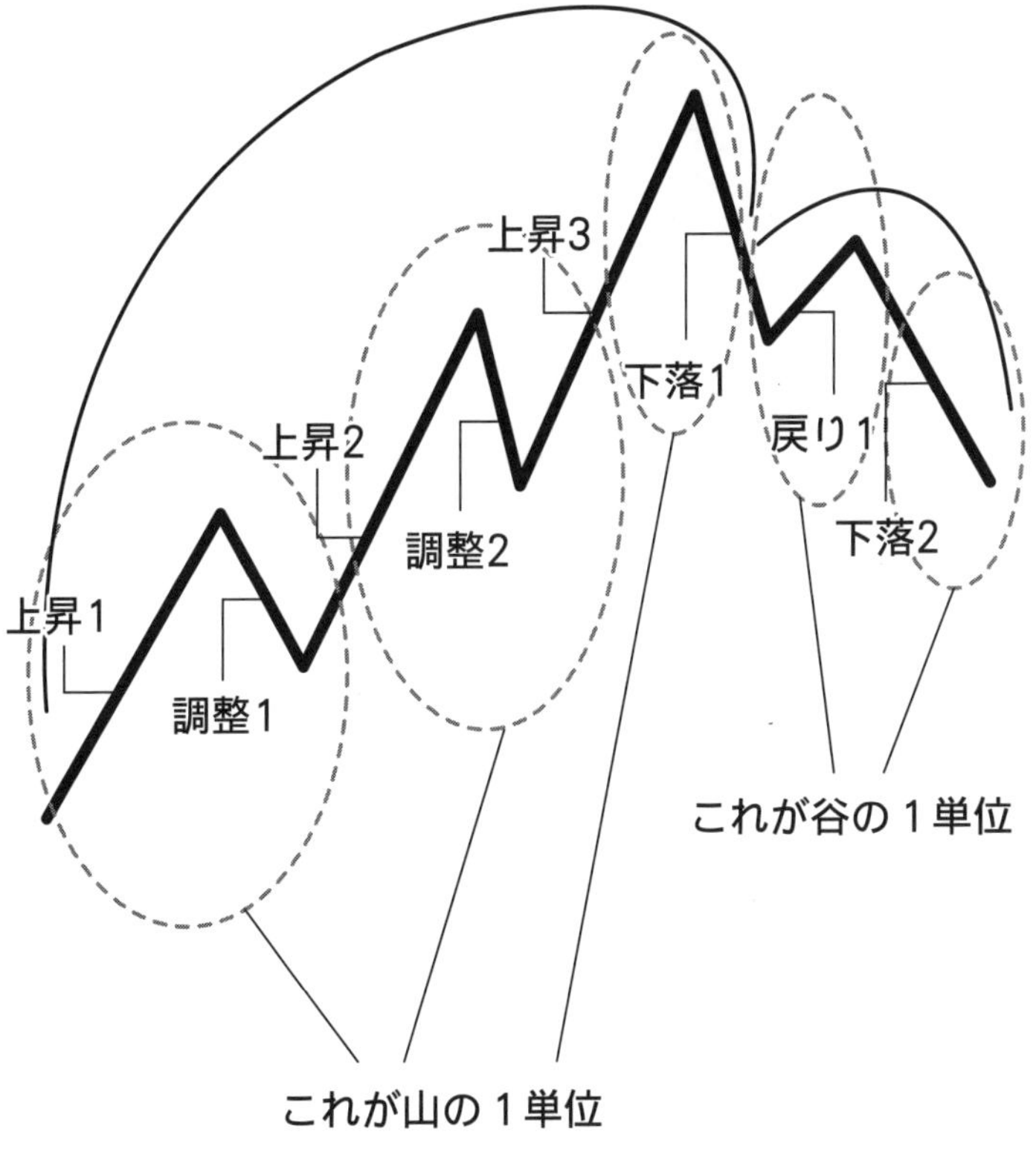

われるように必ず戻り売りで売り叩かれる。もう一度下がるのが相場の定石。不思議なことだが、必然的にすべて似てくる」

つまり、ある程度下がったところで株価が上昇してくると、それを待っていた人たちが売りを出すのだ。これを「やれやれの売り」(「やれやれ売り」ともいう)というが、こうした市場心理はまず間違いなく起きるものだ。

では、どの程度の水準まで戻せば次の下落になるのだろうか。

「何%上がるか下がるかについては、過去のパターンに照らして細かく一致するということはなかなかない。ただ、心理的目安というものがあり、非常に重要だ。たとえば今回の急落からの『半値戻し』にあたる二万三〇〇〜二万七〇〇円は大きな心理的目安になり得る」

二〇〇九年以降の上昇相場で、二一年ぶりの二万一〇〇〇円超えを達成した二〇一七年一〇月より以前の高値目安が二万七〇〇〇円近辺にある。その上の目安となると二万一〇〇〇円超えだが、いずれにせよこうした心理的目安は重要なポイントになりやすいということだ。

しかしながら、六月上旬時点ではこの「半値戻し」の目安を大きく突破し、二万二三一〇〇円台まで到達した。先述した通り、「半値戻しは全値戻し」をほぼ地で行く回復である。

そこで気になるのは、今後想定されるシナリオに大きな変化があるのかであるが、緊急で川上氏に確認したところ下記の回答を得た。

「リーマン・ショック時では、最初の下落後の戻りが直前高値を四・四％程度下回る程度であった。つまり「全値戻し」に近い戻りだったということだ。それをそのまま今回に当てはめるならば、反発上昇の目安は二万三〇二三円となり、現在の水準にほぼ合致する。戻りの勢いが今少し強ければ、二万三五〇〇〜二万四〇〇〇円程度までの上昇も十分あり得る」

リーマン・ショック時は、直近高値が一万八二六一円に対して最初の下落後の戻りは一万七四五八円であったから、「全値戻し」とまで行かずとも「下落分をおおよそ回復」という動きだったわけだ。つまり、リーマン・ショックとの類似性はいまだ保たれており、パターン性を参考にできるというわけである。

「今回着眼すべきポイントは、『三尊天井《さんぞんてんじょう》』というリーマン・ショック時にも見られた形が完成した点。そして、その後の戻りがどの程度か、さらにそこからどの程度下落しうるのか、それがどのぐらいのタイミングで来るのかを想定しておくことは非常に重要だ」

「三尊天井」とは、九〇～九一ページの図のようにチャートが三つの山を形成する局面で、高値圏にこうした形が出るとそれまでの上昇相場が終了し、下落局面に入ることが多いとされる形だ。リーマン・ショックの際にもこの形が出ており、先日の「コロナ暴落」でもきれいに三尊天井が完成したことからも、今後の下落トレンド入りの可能性が伺われる。

もし今回の「戻り」がそのまま勢い付き、三尊天井の最高値二万四二七〇円を超えてくることになればまったく違う展開となるが、おそらくそれよりも再度下落するシナリオの方が優勢だろう。では、その時期はいつ頃と見られるのか。九〇～九一ページと九四～九五ページのチャートを参考にしながら見て行こう。

「リーマン・ショックの時は、三尊天井を形成した1から6の中で、一つ目の山から三つ目の山までにおよそ一五ヵ月程度を要している。今回の三尊天井は❶から❺までが二四ヵ月で、おおよそ一・六倍かかっている。実は、この倍率は意味深長で、黄金比（近似値で一：一・六一八）を成している。前の危機を経て、相場変動はよい頃合いに時間軸が延びたと考えられる。リーマン・ショック時には6から7が二ヵ月程度、もし今回も同様に一・六倍延びるとすれば、次の変動は四ヵ月弱後、つまり七月ぐらいには戻りの上昇局面が完成となる。三尊天井後の動きは、心理的観点からも同じになる可能性は高い。つまり、次の要注意ポイントは七、八月以降だ」

「黄金比」という言葉が出てきたが、相場をテクニカルに研究して行くと、この「黄金比」に出会うことが多い。カギ足分析に限らず、様々な分析手法の中で登場するこの比率には、明確に証明することは難しいものの市場心理を紐解く要素があることは確かなようだ。

さて、話を戻そう。要注意ポイントは七、八月ということで、私の読みとも

『三尊天井』(リーマン・ショック時)

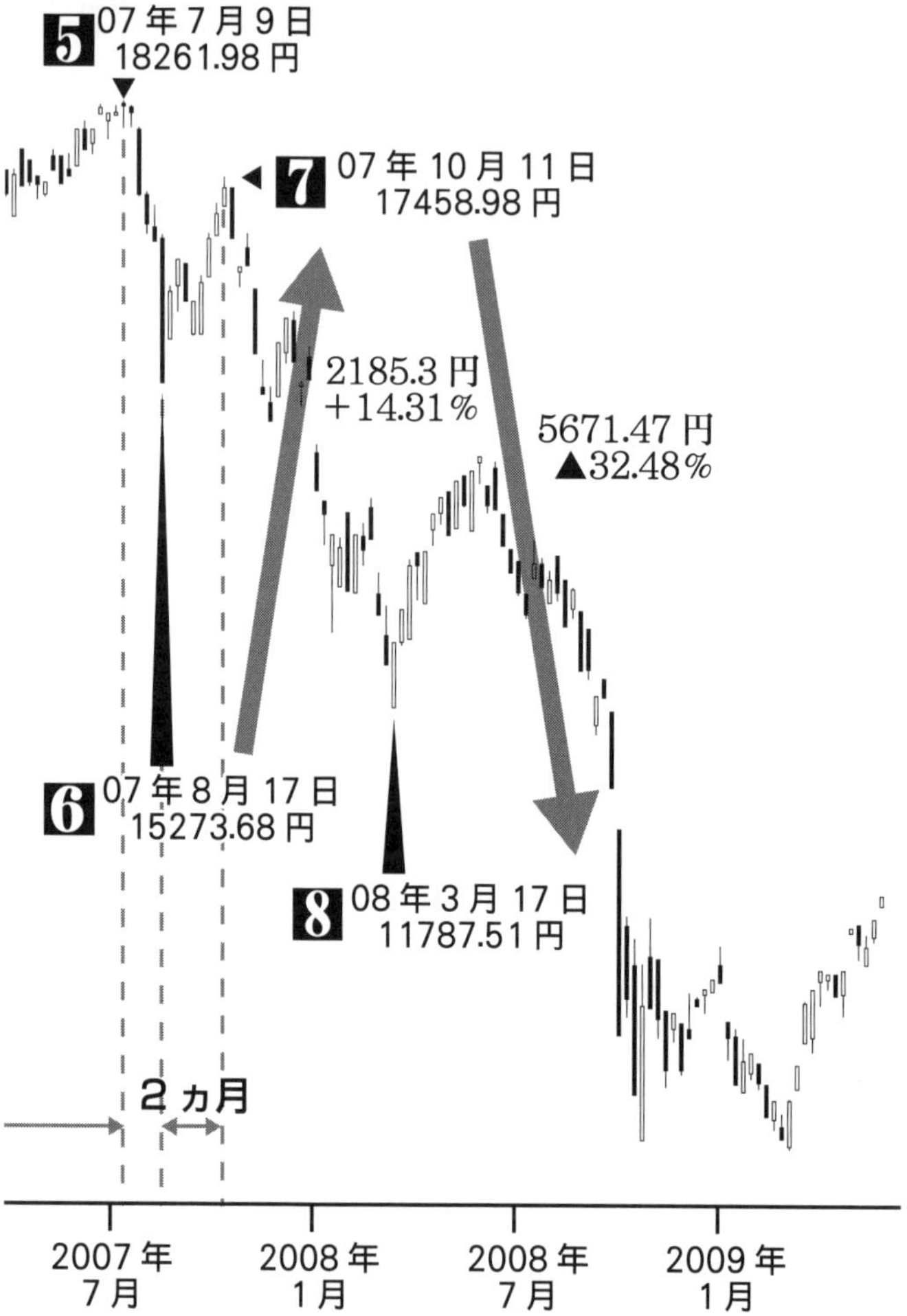
5 07年7月9日
18261.98円
7 07年10月11日
17458.98円
2185.3円
+14.31%
5671.47円
▲32.48%
6 07年8月17日
15273.68円
8 08年3月17日
11787.51円
2ヵ月
2007年
7月
2008年
1月
2008年
7月
2009年
1月

日経平均ローソク足チャート

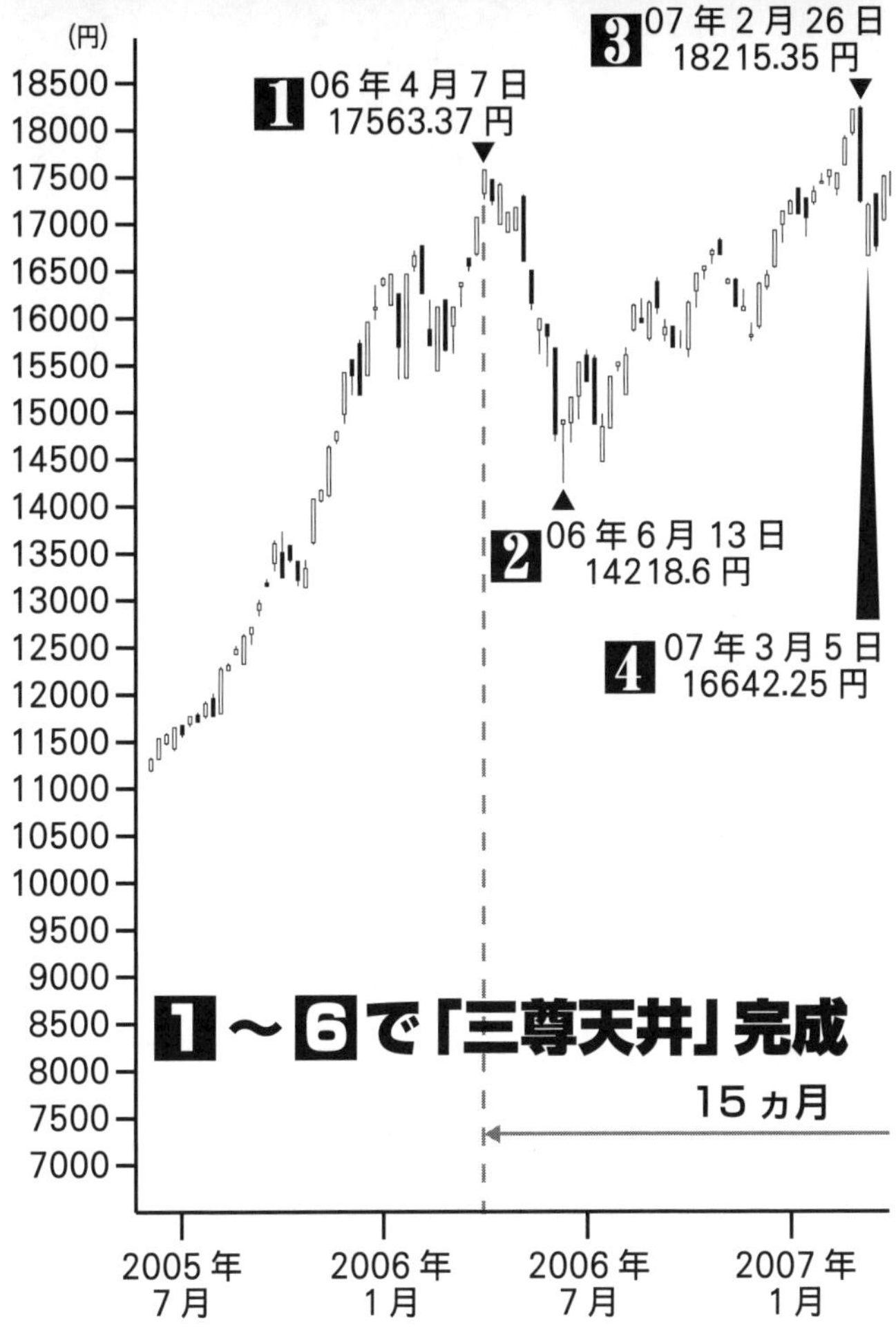

ピタリと符合する。私の読みは、各種のニュースソースや金融関係などの人脈から得た情報に基づいたものであるが、思っているよりもそのずれは大きくなさそうだ。いずれも最終的に投資家心理に関係してくる以上、そうした見立てが似てくるのは必然なのかもしれない。今少し続けよう。

「ただし、上昇が完成したからと言って、そこからすぐに下げるかは別の話である。仮にリーマン・ショック時の下げ幅と同じ水準と考えるならば、前回底値近辺の一万六二〇〇〜一万六五〇〇円が意識されるだろう。さらに、この目安を下抜ける可能性も十分にある。その場合、一万四五〇〇円台を目指す展開も十分にあり得る（九四ページ❽）」

リーマン・ショック時には、第二波の下げで三二・四八％の下落幅を記録した。仮に二万四〇〇〇円まで戻した後、同じ下落幅を記録すれば一万六二〇〇円程度まで下げる展開となる。コロナショックの底値が一万六三五八円であることからも、一万六二〇〇〜一万六五〇〇円のラインは大きな心理的目安になりうるということだ。

さらに、直近の底値である一万六三五八円をさらに大きく下抜けることになれば、次の目安は一万四五〇〇円というわけだ。直近の三尊天井は一万九〇〇〇円台以上で形成されたものであり、直近底値は完全にその水準を下抜けしている。実は、一万六五〇〇円台とは二〇一六年に上値抵抗線だった範囲で、ある意味そこが今回の下値目安となった格好である。かつての上値抵抗線が新たな下値支持線になるということはよくあることで、そこから敷衍《ふえん》される次の下値支持線が二〇一三〜一四年にある一万四五〇〇円近辺だ。川上氏は、そのことを指して「一万四五〇〇円台を目指す可能性」に言及したわけだ。

ちなみに、私は氏よりもさらに踏み込んだレンジすらあり得ると考えている。それは、一万二〇〇〇円台までの下落シナリオだ。若干テクニカル的な思考で説明すると、いくつか理由がある。まず、アベノミクス発表後の二〇一三年、日経平均は一気に一万六〇〇〇円を狙う棒上げのような相場となったが、六月に入って急落した。この時の下値支持が一万二五〇〇円近辺だったことだ。

そして、この下値支持線は奇しくもリーマン・ショック直前の二〇〇七年の

『コロナショック』

(日経平均週足)

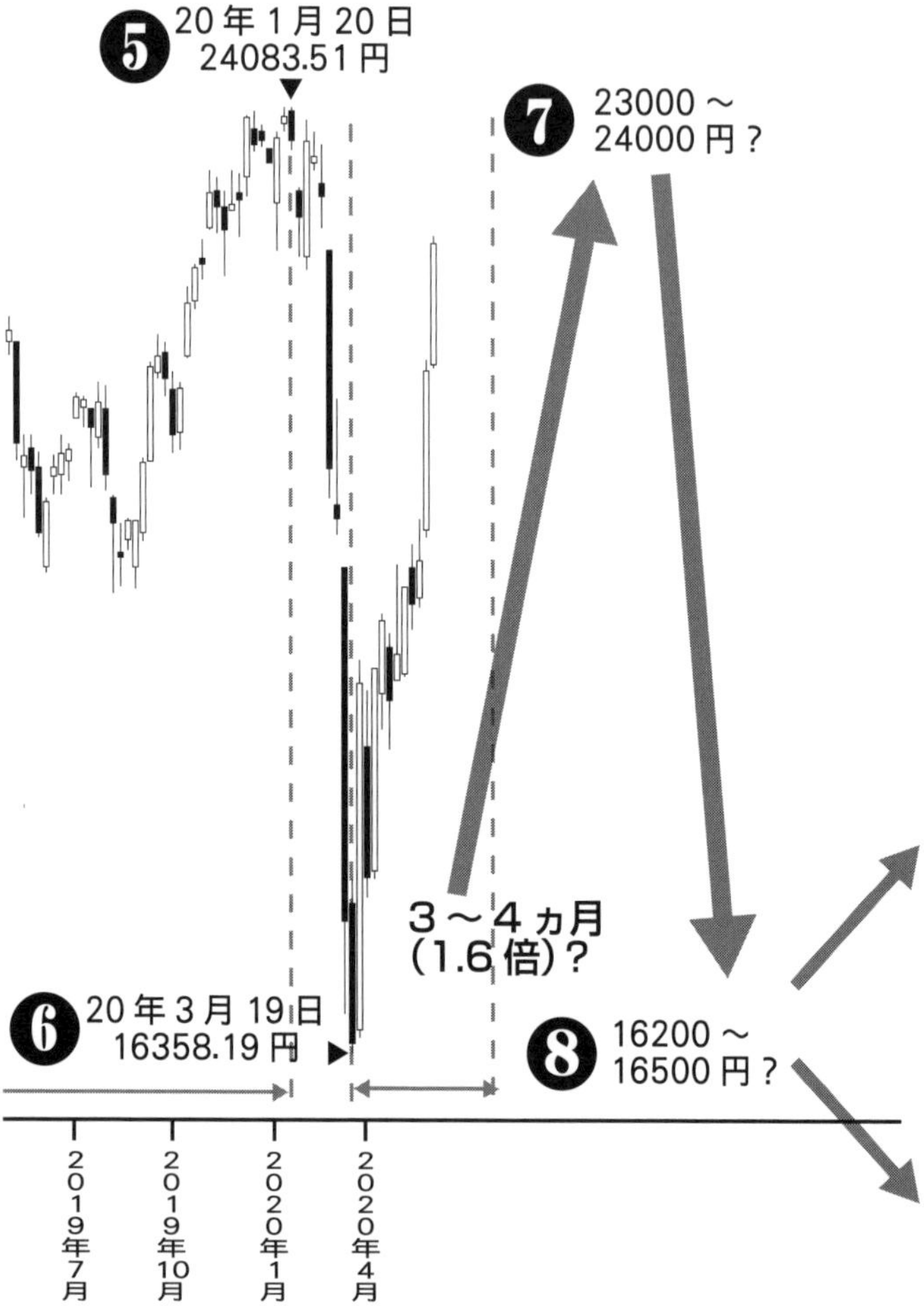

日経平均ローソク足チャート

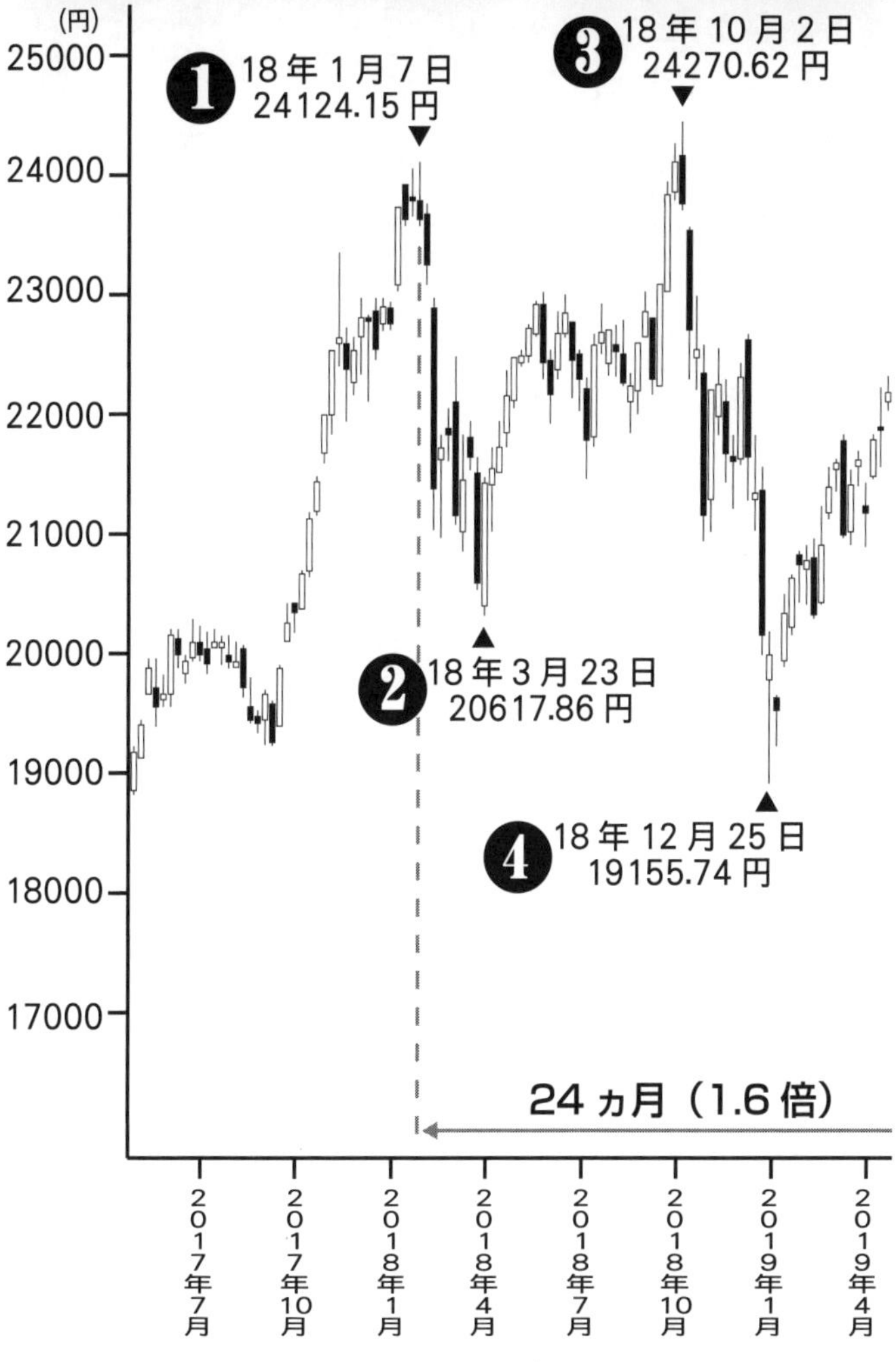
(円)
25000
24000
23000
22000
21000
20000
19000
18000
17000
❶ 18年1月7日
24124.15円
❷ 18年3月23日
20617.86円
❸ 18年10月2日
24270.62円
❹ 18年12月25日
19155.74円
24ヵ月（1.6倍）
2017年7月
2017年10月
2018年1月
2018年4月
2018年7月
2018年10月
2019年1月
2019年4月

高値圏から、ベアースターンズが破綻した二〇〇八年三月の下落局面でも下値支持線の範囲になっている。なぜ二度も下値支持線になったかと言えば、さらに遡って二〇〇二～〇五年にかけては、一万二〇〇〇円が上値抵抗線として幾度も株価上昇を遮ってきたのだ。

私は、川上氏が想定するよりもはるかに深刻な事態を想定している。金融緩和によってマネー漬けになった世界経済が、コロナを契機として逆回転を始めれば、そこに待ち受けるのは尋常な下落ではないだろう。まさに「底抜け」の地獄が待っているとすれば、株価がこのラインまで暴落したとしても（驚愕と戦慄はあっても）何ら不思議はないだろう。

さて、川上氏からはさらに別の観点も提示していただいた。

「もう一つの視点がある。今回は今世紀に入って三番目のボラティリティを記録している。こういうショックは一度起きると数年は起きないものが、まれに続けて起きることもある。リーマン・ショック前のベアースターンズ破綻とサブプライム問題がその例だ。今回も同じような動きになる可能性は十分あるだろう。今は下げの若境で心理的に下げ圧力がかかっている。そして、『一〇月には魔物が棲む』という格言があるが、大衆心理がここに注目する可能性は高い。そこにちょっとしたきっかけが絡めば大きく下げる可能性は十分ある」

株価のボラティリティ（振れ幅、荒れ具合）を見る指数として「ＶＩＸ指数」（通称：恐怖指数）というものがあるが、これはアメリカのＳ＆Ｐ５００のボラティリティを示すものだ。日経平均株価には「日経ＶＩ」という指数がある。これを見ると、一〇一ページの図のように近年三回のショックが観測されている。最大のものは言わずもがな「リーマン・ショック」（九二・〇三）で、次に「東日本大震災」（六九・八八）が続く。「コロナショック」は、それに次ぐ三番目の大荒れ相場だったわけだ。いわゆる「大パニック相場」だが、得てして一度パニックが起きてしまえば、それを上回るパニックはそう簡単には起きない。

しかし、リーマン・ショックを見ると必ずしもそうでないことがわかる。遡ること約半年の二〇〇八年三月には、ベアースターンズ破綻によって五〇ポイント近くのパニック相場が現出しているし、さらにその七ヵ月前にはサブプラ

心理的目安がある

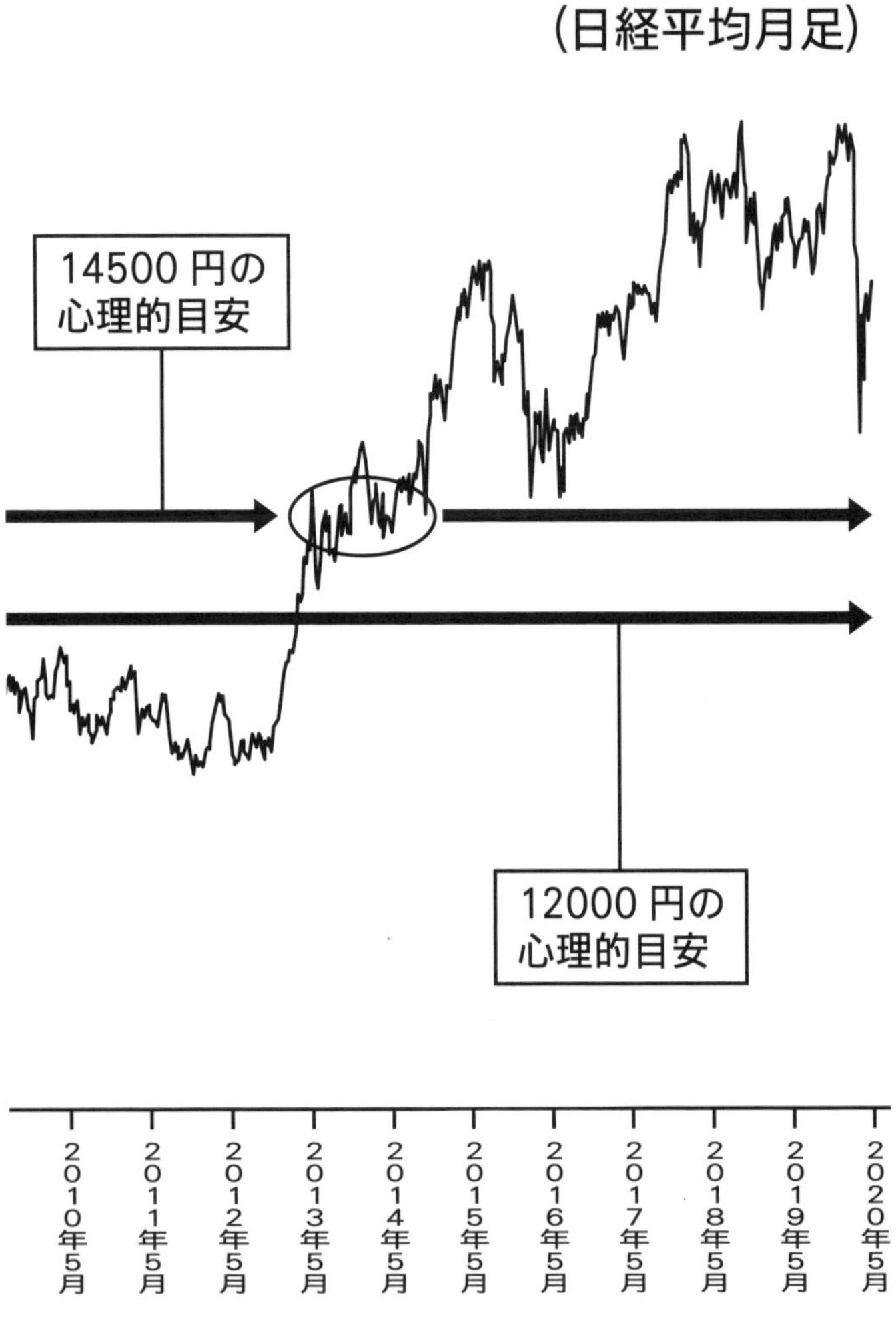

(日経平均月足)
14500円の心理的目安
12000円の心理的目安
2010年5月
2011年5月
2012年5月
2013年5月
2014年5月
2015年5月
2016年5月
2017年5月
2018年5月
2019年5月
2020年5月

株価には

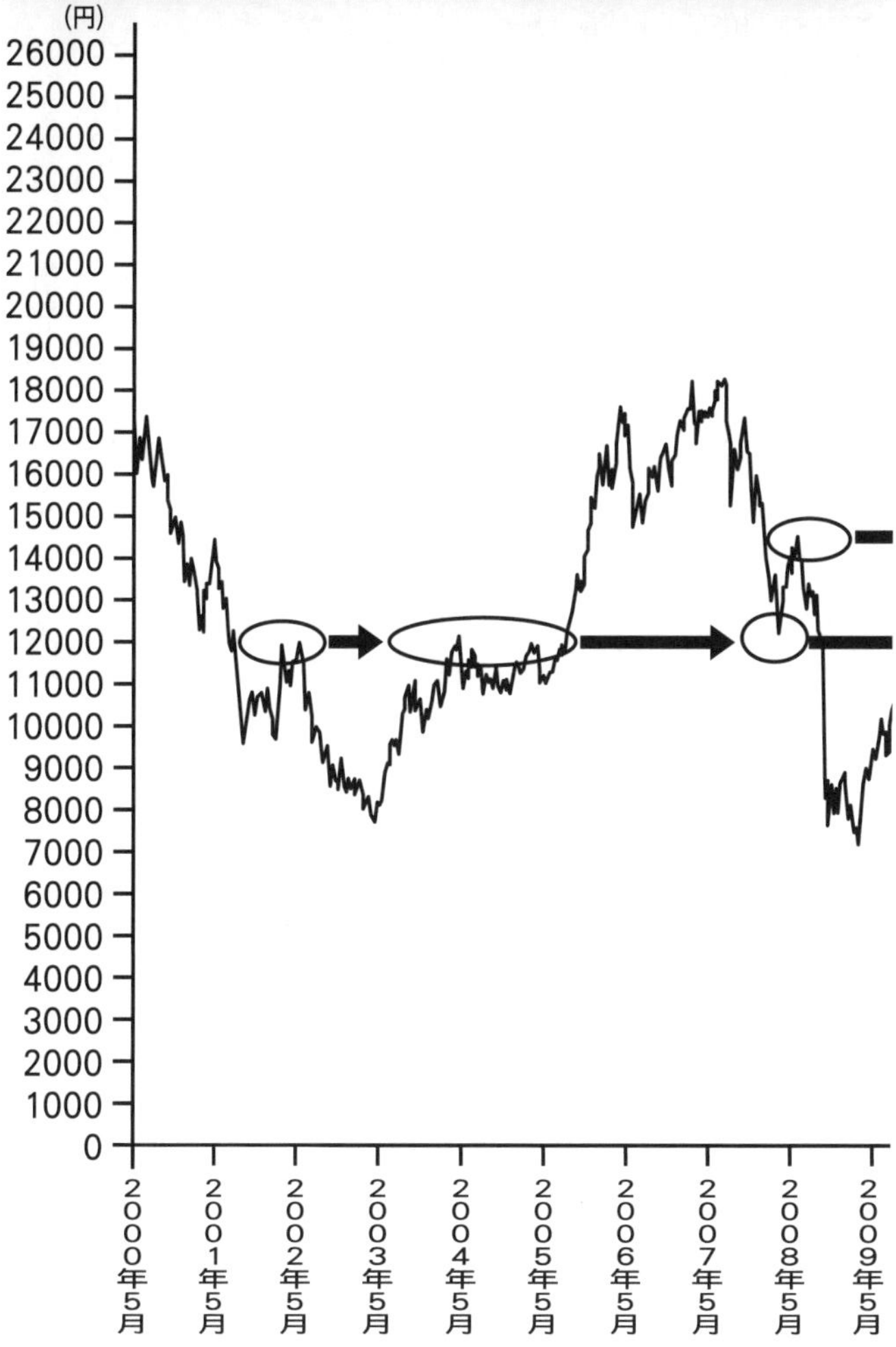
(円)
26000
25000
24000
23000
22000
21000
20000
19000
18000
17000
16000
15000
14000
13000
12000
11000
10000
9000
8000
7000
6000
5000
4000
3000
2000
1000
0
2000年5月
2001年5月
2002年5月
2003年5月
2004年5月
2005年5月
2006年5月
2007年5月
2008年5月
2009年5月

イム問題によってやはり五〇ポイント近くを叩き出している。巨大な危機の時には、このように「群発パニック相場」のような動きもあり得るということだ。

現在は、リーマン・ショックから一〇年余りにわたって主要国がバラ撒き続けた莫大な緩和マネーが金融市場に流れ込んできている。必然的に暴落する時にはすさまじい勢いを生じるのが道理で、もし暴落第二波が到来すれば、コロナショック超えの「空前の超々パニック相場」が現出してもおかしくはない。

こうした相場のきっかけは、人々が思いもしないところに潜んでいる場合もあるが、時期的には存外皆が注目している時期の可能性もある。それが「一〇月は魔物が棲む」だ。ある種のアノマリー（理論的枠組みでは説明できない経験的な規則性）だが、一九二九年の世界恐慌も一九八七年のブラックマンデーも、そしてリーマン・ショックによる金融不安も一〇月に起きている。そして、ある程度相場の急落からの戻りも落ち着いた頃と考えれば、その可能性には十分留意すべきだろう。

最後に、いくつかの注意点を指摘していただいた。

近年の3回の『ショック』と日経VI

年月日	日経VI	ショック
2007年8月17日	47.32	サブプライム問題
2008年3月17日	49.67	ベアースターンズ破綻
2008年10月31日	**92.03**	リーマン・ショック
2010年5月21日	44.00	ギリシャ危機
2011年3月15日	**69.88**	東日本大震災
2011年8月9日	42.69	米国債格下げ
2013年5月23日	43.74	バーナンキショック
2015年8月25日	47.01	チャイナショック
2016年2月12日	49.84	原油安
2016年6月24日	40.71	ブレグジット
2018年8月17日	36.05	VIXショック
2018年12月25日	32.25	クリスマスショック
2020年3月16日	**60.67**	**コロナショック**

「もちろん、ここで挙げた見立てに『絶対』はない。逆に二年後まで急落しないという可能性もある。今回の下げはかなり大きかったので、十分に収束してから次の相場へというシナリオもあり得るだろう。ただし、いずれにしても下落局面を見据えておくことは重要だ。特に、日経平均一万四〇〇〇円は心理的に大きな目安になる。長期六〇年周期での大きな上昇局面にある現在、この水準までの下落は比較的大きな調整と言えるだろう。もし、一万四〇〇〇円を割り込む局面があれば、株は絶好の買い場となる。目をつぶって欲しい銘柄をひたすら買ってもよいだろう」

「もう一つ。自然災害には特に注意していただきたい。なぜなら、カギ足では災害を予想できないからだ。今のように一般大衆の心理が弱含んでいる時（下げの若境）は、仮に大きくない材料でも極端に反応する。このところ中規模の地震が頻発しており、注意だ。南海トラフ、首都直下などは数十年単位の発生確率がはっきり試算されている。つまり、ある時間軸で考えれば『ほぼ確実に起きるシナリオ』ということだ。この二つのうちどちらかが起きる確率は、三年程度では一五％、五年程度で二〇％ぐらいと見積もられる。これを常に意識したい。また、隣国では白頭山（北朝鮮）も注意が必要だ。災害の周期性で、二〇二〇年はよくない年という話もある」

群集心理は実に様々なイベントを織り込むが、自然災害を織り込むことはほとんどない。したがって、こうしたイベントに対する予見性はほとんどないのだという。南海トラフや首都直下型地震などの発生確率はかなり研究が進んでおり、確率・統計的なアプローチで投資を行なうテクニカル分析の立場から見ても、もはや無視できないほどの確率を持っている。それを含め合わせれば、今夏や今秋に限らずに注意すべきということだ。

また、白頭山は一〇〇〇年に一回の爆発の可能性を懸念されている。かつて、朝鮮半島に一メートルの火山灰を降らせたというから、爆発すれば著しい経済被害が発生するだろう。その影響も考慮しておくべきだ。

為替の観点から見た世界

さて、ここまでは日経平均を主軸にした分析を行なっていただいたが、もう一つまったく別の観点での分析も紹介しよう。為替（ドル／円）の観点から見た時、川上氏には現況がどのように見えているのか、という点だ。

「ドル／円は現在、ほとんどリズムがなく三角保ち合《もあ》いを続けている。長期的には円安基調だが、カギ足はドル売り転換中だ（円高プレッシャー）。テクニカル的には、保ち合いの頂点は二〇二一年後半〜二二年ぐらいで、それまでには円安・円高どちらかに触れるだろう。その意味で、為替で見るならば大きな事件は二、三年後と言える。

コロナ相場に関連して、ドル／円は一時一〇一円台を付けたが、すぐに跳ね戻された。そこからわかるのは、円高への進行も今のところまだ限定的ということだ。となると、一時的に一〇〇円割れの可能性は十分あるが、七〇円台の

ドル／円の三角保ち合い

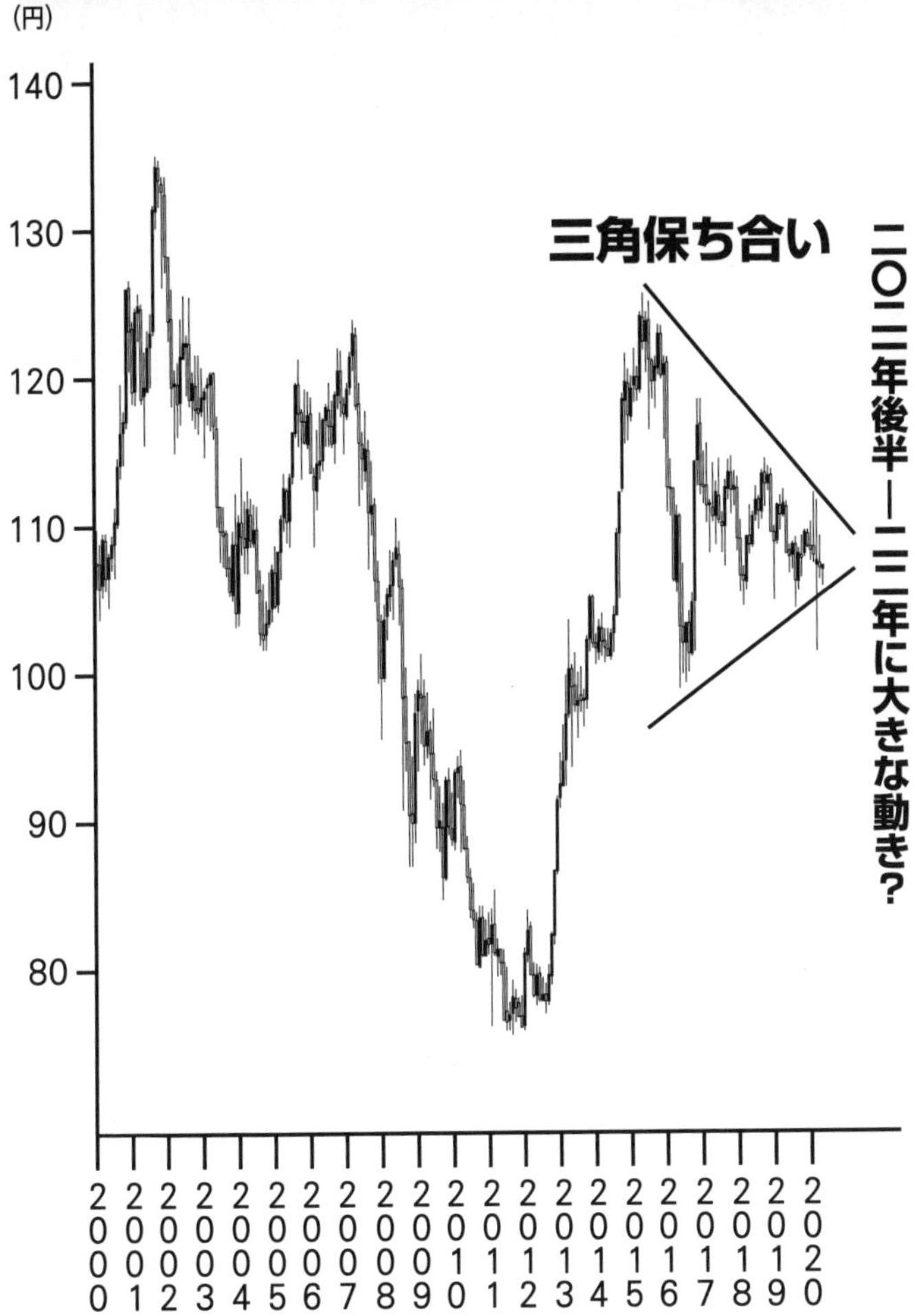
(円)
140
130
120
110
100
90
80
三角保ち合い
二〇二二年後半―二三年に大きな動き?
2000
2001
2002
2003
2004
2005
2006
2007
2008
2009
2010
2011
2012
2013
2014
2015
2016
2017
2018
2019
2020

超円高レンジに入る可能性は一〇％もあるかどうかというところ。一旦一〇〇円の大台を割っても、比較的短期で円安に逆振れする公算が高いだろう。七〇円台ということに関して言えば、もし七〇円台に突入すれば三番底（三尊天井の逆）を付ける格好となる。その後の円安基調はより確実になるだろう。しかし、少ない可能性ながらもし四番底となる動きがあるようなら、テクニカル的にはさらに突っ込む（すなわち超円高）というシナリオが出てくることとなる」

為替から見た世界では、本格的な激動相場までにはまだ時間があるとの見立てだ。ただ、氏も注意していたのは「為替と株価が、必ずしも連動するわけではない」ということだ。近年よく言われてきたこととして、円安と株高が連動する（逆に円高と株安も連動）という話があった。輸出産業にとって円安は追い風になりやすいというのがその根拠だが、これはまったく根拠がない。

長い目で見れば、一九七〇～八〇年代あたりには株高と円高が連動するとされる時代があった。為替は、長期で見れば国力に比例するものであるが、短期的には様々な要因が影響するため、株価との連動性は一概に語ることはできないのだ。そうしたことから考えると、為替の動向は独立した一つの指標として評価し、株価は別に考えるのがよいだろう。

暴落相場後をも見据える「もう一人の隠れた天才」

ここでもう一人、私が今非常に注目している人物の見解も紹介しよう。欧州金融機関に勤務し、独自の視点から市場の分析や海外ファンドなどの調査、評価を行なう吉田耕太郎氏だ。氏は特別な高等教育を受けているわけではないのだが、暴落相場での局面を読む感覚に非常に優れており、ある種の「天才肌」を感じさせる人物だ。二〇〇八年のリーマン・ショックにおいても、私が想定していなかった暴落局面を目前にある先物の売り、プットオプション（売る権利）の買いを強く推奨し、大きな収益機会の存在を示した。

また、コロナショックにおいても三月上旬に相場の大底間近とそこからの反転急上昇を指摘、ピタリと当てている。まさに「暴落相場を嗅ぎ分ける」センスが冴えわたっているのだ。その吉田氏の見立てを、私が主宰する「経済トレンドレポート」ではすでに特集したのだが、ここで一部を紹介しよう。

今般のコロナ禍における深刻な問題とは、コロナ対策に有効なワクチン開発や集団免疫を獲得するまでの一・五～二・五年程度の間、世界中の国々が感染爆発＝医療崩壊を避けるための行動制限と、行動制限＝経済崩壊という両立できない巨大なジレンマに苛まれ続けるという点にある。軍隊が動かないだけで戦時体制のような状態である。

それでも、コロナはいずれ収束する。その後の世界とは、巨大な経済損失を政府が補填し、財政赤字が急拡大する世界だ。アジア通貨危機やユーロ危機のような通貨不安もあり得る。そして、短期的にはこうした危機を食い止めるため量的緩和という「経済麻薬の乱用」がまた始まる。

二〇〇〇年代初頭、ＩＴバブルの崩壊によりアメリカは超低金利政策をはじめ、同時期に日本でも量的緩和に舵を切ったが、空前のカネ余りが住宅バブルや新興国への資本流入につながり「スーパーバブル」を形成、やがてリーマン・ショックで崩壊した。しかし、今度は日米欧も中国などの新興国も協調し、量的緩和を行なった結果、今度は「ハイパーバブル」が形成されている。

そして今回のコロナショックでも同じ轍を踏んでいる。アメリカではすでに量的緩和を緊急拡大しているがそれはリーマン・ショック時よりはるかに大きい。そして、今の株価の反騰とは結局のところ量的緩和のなせる業でしかない。リーマン・ショックでは量的緩和後に二番底がやってきており、今回もその懸念がある。

しかしながら、長期的にはそれは誤差の範囲であり、三たびバブルはやってくるだろう。それは今まで以上の「ウルトラバブル」であり、カネ余りの麻薬漬けも末期的様相となるだろう。その果てに待っているのは利益を独占する一部企業群と潤沢な投資ができる資産家による富の独占であり、緩和頼みで財政規律が乱れた国家であり、実体経済から乖離した金融経済の巨大化とハイパーインフレのように膨らむドルや円という悪夢だ。

「ウルトラバブル」の崩壊は、これまでとは破格の大崩壊となり、ドル基軸体制の崩壊につながるだろう。いよいよ覇権の野心を果たすべく中国がアメリカと衝突する。前回の覇権移行期は二〇世紀初頭。一九一八年のスペインかぜ、一九二九年の世界恐慌、そして一九三九年には第二次世界大戦に突入している。単純比較はできないが大いに参考とすべきだ。

吉田氏は、暴落第二波の時期やきっかけなどについて細かくは言及していないが、その可能性は十分にあり得ることを暗に指摘している。さらに興味深いのは、このコロナ禍の後にもたらされるものについての言及だ。さらなる超々巨大バブルが崩壊すれば、現在の覇権体制が崩壊し、世界規模の混迷と動乱の時代がもたらされると指摘している点だ。

そのサイクルは一〇年単位と恐らくそれなりに長いが、私たちは「コロナ後」の世界がいかなるものになるかにも十分に思いを致さなければならないだろう。

暴落第二波は目前！　そのトキを重大な関心を持って待て

さて、ここまで様々な切り口で今後の経済そして株価の行方を見てきた。暴落第二波の確率は極めて高く、私たちはそのトキの到来を極めて重大な関心を持って見極めるべきだ。その契機となるものが何かをここで予測することは極めて難しいが、きっかけになり得るものの多さは以下のように事欠かない。

・コロナパンデミックの第二波到来と第二次緊急事態宣言
・新興国通貨の急落による金融危機
・連鎖倒産による経済パニックと債券バブル崩壊
・地震などの天災
・アフリカ、中東から忍び寄る蝗禍（バッタ）による食糧危機
・アルゼンチン、レバノン、ザンビアなどデフォルト国家の続出

それぞれの項目について、ここで詳しい解説は差し控えるが、いずれも株価

暴落の引き金としては十分な破壊力を持つ。川上氏が指摘する通り、現在の投資家心理は「何かあればすぐに売り」という非常に弱気なものであり、きっかけ次第で燎原《りょうげん》の火のごとくあっという間に燃え盛ることになるだろう。

コロナが収束したからといって、「危機は去った」と油断しては決してならない。本番は、これからやってくる。特に、巨額の政府債務を抱える日本にとっては、さらなる厳しい事態が待ち受けている。

第三章

「破産」と「取り付け」の巨大津波がやってくる!?

トヨタが潰れそう⁉

　東京商工リサーチが発表している「新型コロナウイルス」関連倒産の件数は日に日に増している。二〇二〇年二月に二件だったその数は、三月には二三件追加された。そして四月は八四件と急増しており、五月が八三件、六月（三日正午まで）が一二件となり、これで累計がすでに二〇〇件を超え、その数はまだ増加の一途をたどり収まる気配はない。

　四月七日に緊急事態宣言が発表される前からすでに自粛モードが進み、特に旅行業界、飲食業界は大きなダメージを負った。だから、現在の倒産件数が宿泊業、飲食業の二業種に集中しているのも納得できる。そして今回の新型コロナウイルスの感染拡大状況や各国の外出禁止令などの対応を考えると、今後も倒産件数がこの二業種を中心に拡大し続けるだろうことは容易に推察できる。

　このようなひどい状況の中で、さらに追い打ちをかけることを申し上げるようで恐縮だが、事実として知っておく必要がある。実は、あの「トヨタ」でさえ今回の新型コロナウイルスの影響により、資金繰りに走ったのである。

トヨタと言えば、もちろん日本を代表する会社である。外国人に知っている日本の会社を挙げてもらうと、まずトヨタの名前は出てくるだろう。当然日本人なら誰もが知る会社だ。優良で教科書的な会社で、雑誌など様々なメディアに模範例として特集されているぐらいだから、トヨタの内情を少しであれば聞きかじったことがある方も多いのではないか。そういった方であれば、ふと疑問を覚えたと同時に戦慄が走ったのではないか。「確か、トヨタはキャッシュリッチな会社ではなかったか。そのトヨタが資金繰り⁉」と。

そうなのである。トヨタはキャッシュリッチな会社だ。金融事業における負債が多いため、キャッシュリッチ企業の特集の上位ランキングに出てこないことが多いが、自動車の部門だけを見ると、トヨタは兆円単位の潤沢な現金を抱えている。それにも関わらず、トヨタ自動車は今回の騒ぎで三井住友銀行と三菱ＵＦＪ銀行に対して、合計一兆円規模の借入枠を申請しているのだ（あくまで借入枠の申請で、五月末時点ではまだ借入はなされていない）。

つまり、あのキャッシュリッチのトヨタですら、今回騒ぎで資金繰りを意識し、借入できるように準備したということである。これは驚愕すべきことだ。その発表があった際に「トヨタが借入をするぐらいだから、すべての産業に支援が必要だ」という声がネットに上がったが、まさにその通りで今回のコロナショックは一部の企業だけの資金繰りの悪化ではなく、ほとんどの企業が資金繰りを心配せざるを得ない状況を生みだしているのである。本当にすべての産業に支援が必要になるかもしれない、まさに異常事態が起きているのである。

現金の枯渇に備えろ

なぜトヨタは、借入を申請したのか。トヨタの財務報告書からその謎を見てみよう。まず、キャッシュリッチのトヨタは、どれくらいの現金を抱えているのか。二〇二〇年三月期の決算短信を読むと、流動資産の中に約五兆円の「現金および現金同等物」ならびに「定期預金」を保有している。他にも金融債権、長期金融債権（他、有価証券）などの主に貸付している資産を潤沢に保有しているが、これを現金化しようとすると、貸付先であるグループ会社に大きな影響が出る。そのため、まずは手元の現金で資金繰りを考えるだろう。

それに対して、トヨタの年間売上高は約三〇兆円なので、月平均に換算すると二・五兆円程度、営業利益は売上の一〇％以下なのでこの場合考えないことにする。すると、今回の新型コロナウイルスの影響で売り上げが二ヵ月分まること吹き飛んだとしたら約五兆円の収入が見込めず、現金をほぼすべて食い潰してしまうのである。実際にはこんな簡単な計算では成り立たないが、概略としてとらえるのであれば十分である。

つまり、いかにキャッシュリッチのトヨタとはいえ、数ヵ月間収入が止まるような緊急事態になれば、資金繰りが苦しくなるのである。それを見越しての一兆円の借り入れ申請であったことがわかる。

さて、企業が破綻する条件は二つある。一つは赤字が常態化したことによる

「債務超過」で、資産より負債の方が多い、つまり借金が多過ぎる状態であることだ。これはわかりやすいだろう。そして二つ目が「資金ショート」、資金繰りができない結果倒産するというものだ。二〇〇八年の金融危機の際、多くの企業が黒字倒産の憂き目に遭い話題となったが、それらはまさにこの資金繰りができなくなった企業などである。実は、黒字倒産とは決して珍しいものではなく、二〇〇八年のような特殊なケースでなくても普段から企業倒産の半分近くはこの突然死にも見える黒字倒産なのである。

そして今回、キャッシュリッチの企業であるはずのトヨタが資金繰りを危惧した。この意味は重い。普段から、企業は黒字であっても赤字であっても破綻するものである。それに加えて、今回はキャッシュリッチな会社であっても決して油断できない状態なのである。つまり、今のような経済の大部分が止まった状態が続けば、ほぼすべての企業が破綻候補に該当してしまうわけだ。

これは、日本だけでなく世界でも同じことである。先進国ですらそうなのだから、新興国の企業は元々脆弱な体質だからさらに危険性が高い。

航空業界は壊滅状態

二〇二〇年四月二一日、オーストラリアの航空第二位のヴァージン・オーストラリア社が事実上の経営破綻を発表した。これが、新型コロナウイルスの影響による航空大手の世界初の破綻となった。ヴァージン社は以前より業績不振に陥っており、新型コロナウイルスが止めを刺した格好となった。現在、航空会社を取り巻く環境は最悪だ。

オーストラリア政府は、新型コロナウイルスの感染拡大防止のため外国人の入国やオーストラリア人の海外旅行を原則禁止している。そのため、ヴァージン社は三月末から国際線のすべてを運休し、国内線も九割削減を強いられていた。これでは営業を続けられるはずがない。従業員の約八割を一時帰休にする処置をとり、オーストラリア政府に一四億豪ドル（約九五〇億円規模）の支援を求めたが、それを拒否され経営を断念したのである。

国からの支援がなければ会社を存続させることはできない。これは何もヴァージン社だけの問題ではない。これまでちゃんと収益を出してきた他の航空会社も今は似たような危機的状況にある。ＩＡＴＡ（国際航空運送協会）は、四月一四日に世界中の航空会社で運航が大幅に減少されていることを発表した。

四月上旬の段階で、世界各地で運航されている航空便の本数は前年比で約八〇％減になっているという。八〇％になっているのではなく八〇％減、つまり前年と比べて二〇％にまで減少するという、あり得ない状態になっているのだ。

しかも、近い将来Ｖ字回復を望むことは難しいとのことから、二〇二〇年一年間の世界の航空会社の旅客収益は三一四〇億ドル減少し、前年比五五％減となると試算している。一年の売上が半分以下になるというのだ。こうなると、どの航空会社も資金繰りに行き詰まるはずだ。そこで、ＩＡＴＡのドジュニアック事務局長は、各国政府に航空会社への緊急支援を呼び掛けたのである。

各国政府も、航空業界の惨状には積極的な支援に乗り出そうとしている。

代表的なのはアメリカだ。今年三月一六日、トランプ大統領は記者団に対して、航空会社への一〇〇％の支援を表明した。アメリカの航空業界が訴えていた五八〇億ドルの支援要求に対して、満額回答で応じたのだ。その内訳は、旅客航空会社向け五〇〇億ドル＋貨物航空会社向け八〇億ドル。また別の角度から見た内訳では、労働者への給与支援二九〇億ドル、航空会社への融資二九〇億ドルとなっている。そして四月一四日、アメリカの財務省はアメリカン航空、デルタ航空、ユナイテッド航空を含め大手一〇社に対して、二五〇億ドルの支援を決定したのである。ところが、これだけ大規模の支援であっても問題が長期化すれば十分でないという声がすでに上がっている。

一方の日本はどうか。やはり日本でも、二兆円規模の支援要求が航空業界から政府に挙げられている。主に、政府の保証による無担保の借り入れである。そして四月一日の参議院決算委員会で、「しっかり支援する」と安倍首相が発言した。一般的な企業と銀行の融資契約に政府保証を付けるのは異例のことなので、一筋縄で行かないことはわかる。支援する業界と支援しない業界の線引きは、かなり困難な作業であろう。

しかし、事態は一刻の猶予もない状態まできているのである。すでに、世界中でいくつかの中小航空会社が破綻しており、今回大手の豪ヴァージン社が破綻した。航空コンサルティングのＣＡＰＡ（アジア太平洋航空研究所）は、二〇二〇年四月初めに各国政府の支援がなければ今年五月末までに世界のほとんどの航空会社が破綻するという見解を述べている。しかも、厳しいことに航空業界を取り巻く環境の改善はまったく見られず、今後どこまで政府が支援をしてくれるのか不透明なのである。政府が手を離した瞬間に、奈落の底に落とされるような危険な綱渡りを航空業界は行なっているのである。

そして四月末、新たに名前が挙がったのは独大手の航空会社ルフトハンザ・ドイツ航空である。現在ドイツ政府に支援を要請中で、それが受けられない場合には、なんと破産手続きも選択肢に考えているという。

ここで、一つ余談を入れておこう。今回の新型コロナウイルスによる航空業界への影響がこれほどひどいものになると予想せず、相場を読み誤った著名な投資家がいる。第二章でも少し触れたが、オバマの賢人バフェット氏である。

バフェット氏の投資スタイルは、割安と判断した銘柄を徹底的に買う。それこそ会社丸ごと買うぐらいに集中投資を行なう。そして、一度買った銘柄は簡単に手放すことはなく長期で保有する。どのくらい長期かと言えば、「できれば永久保有に」といった具合である。

そのバフェット氏率いる投資会社バークシャー・ハサウェイは、二月下旬の株式の急落時にデルタ航空の株を買い増ししていたのである。そして、デルタ航空株の保有比率は一一％にまで上昇していた。ＳＥＣ（米証券取引委員会）に提出された報告書によると二月二七日に約四五〇〇万ドル分の買い増しが行なわれている。ところが、そのわずか一ヵ月後の四月一日、二日に約三億一四〇〇万ドル分もの同株式を売却しているのである。デルタ株は元々優良銘柄としてバフェット氏が目を付けていた銘柄だ。この売却で、保有比率は一一％から九％ほどに下がったとみられている。このように、バフェット氏がわずか一ヵ月という短期間に買いから売りに方針を転換したことは極めて珍しい。

しかも、驚愕するべき続きがある。五月二日に行なわれたバークシャー・ハサウェイの年次株主総会で、バフェット氏はなんと保有していたアメリカの航空会社四社の株式をすべて売却したことを明らかにしたのである。「三、四年後に、昨年までのように飛行機に乗るようになるのかわからない」と。バフェット氏は二月下旬に出演したテレビ番組で、世界各国は新型コロナウイルスの封じ込めに成功するという見解を示していた。ところが、実際にはそうならず、世界中で感染爆発、いわゆるパンデミックにつながってしまったのである。こういった背景があり、バフェット氏は投資判断を変更したわけだ。

株式が暴落した時にもそれを割安に買えるチャンスととらえる投資の神様が、「今回は違う」と判断したのである。航空業界の未来は、どう考えて絶望的に暗いと言わざるを得ない。

インバウンド需要はゼロか？ 売上ゼロに戦々恐々

世界の航空便が減数される前から、インバウンド事業は極めて深刻な事態を迎えていた。例年なら二月の春節では多くの中国人観光客の訪日が期待されるはずだったが、この二〇二〇年は様相がまったく異なった。当時は中国での感染拡大が問題になっており、中国本土において厳しい移動制限があったし、訪日も自粛ムードがあった。その頃から、旅館やホテルの特に中国人観光客を狙ったインバウンド事業は深刻なダメージを受けた。

しかし、それは序章に過ぎなかった。観光庁が四月三〇日に発表した「宿泊旅行統計調査」によると、日本のホテル・旅館などにおける今年二月の宿泊者数全体は三七四四万人で、前年同月比マイナス六・〇％であった。これだけであればまだマシに見える。しかし、外国人の延べ宿泊者数を見ると、前年同月比でマイナス四一・三％と、すでに厳しい状態が見受けられる。

さらに、次の三月の速報値では目を疑うようなひどい数字が登場する。今年三月の宿泊者数全体では、前年同月比マイナス四九・六％と約半分の二三六一万人まで落ち込んでいるのである。そして、外国人の延べ宿泊者数はマイナス八五・九％、これではインバウンド事業が成り立つはずもない。

観光庁では、訪日外国人旅行消費額も発表しているが、二〇二〇年一〜三月期の速報値では六七二七億円で、前年同月比でマイナス四一・六％と実際にかなり落ち込んでいる。ただ、これは当然の結果だ。今年一月の外国人の宿泊者数は前年同月比プラス一六・九％の九七〇万人と好調だった。それが二月は半分に落ち込み、三月はマイナス八五％と落ち込んだ。これらの数字を単純計算すると、マイナス四一・六％に近くなるのだ。四月以降はさらにひどいことがわかる。四月の外国人の宿泊者数は三月と同程度かさらに落ちているだろう。

そして、世界各国で今の緊急事態宣言が続いている間は、この状況は改善されないのである。すると、その間中ずっとインバウンド需要で得られるはずの数字は、前年比で一〇分の一あれば良い方で、ほとんどゼロと考えられる。

実は、この訪日外国人旅行消費額は二〇一九年は四・八兆円あり、七年連続で過去最高を記録していたのだ。それが過去最高から一転して過去最悪になるだろうから、その影響は各関係事業に計り知れないダメージを与えている。

奈良にある、一〇〇年以上続く老舗ホテルもそのあおりを受けた宿泊施設の一つだ。MBS（毎日放送）のインタビューで例年二五〇〇万～三〇〇〇万円の売上がある三月において、今年はそれが一〇〇万円に届かず、三%ほどになる見通しであることを語った。実に、売り上げは九七%のダウンである。

ホテルや旅館は、老舗旅館であろうが高級ホテルであろうがビジネスホテルであろうがほぼすべてが大きなダメージを受け、これを機に廃業を決意したところも多い。カプセルホテルも例外ではない。新しいカプセルホテルの形を提案していた「株式会社ファーストキャビン」が、四月二四日東京地裁に破産手続き開始の申し立てを行なった。ファーストキャビンは二〇〇六年に創業し、全国に二六店舗を展開していた。それが、今回の新型コロナウイルスの影響により外国人観光客が激減し、三月以降は客室の稼働率が二〇%以下に落ち込んでいた。四月上旬からはほとんどの場所で休業しており、資金繰りのめどが立たなくなっての破綻である。

また、民泊も大きなダメージを受けている。今年一月まで稼働率九〇%を誇っていたある民泊では、三月の売上がほぼゼロになったという。しかも、昨年七月に大掛かりなリフォームを行なったばかりでダメージは大きい。

ＪＴＢやＨＩＳなどに代表される旅行業界も同じである。ＮＨＫが三月一七日に行なった中小旅行会社五〇社への調査によると、三月の予約状況は昨年同月比で七四％減少、四月は六八％減少と、いずれも大きく落ち込んでいる。そこから緊急事態宣言によりさらにキャンセルが出て、予約状況は落ち込んでいるとみられる。影響がすでに決算に出始めた旅行会社もある。近畿日本ツーリストなどを傘下に持つ「ＫＮＴ－ＣＴホールディングス」は三月二四日、二〇二〇年三月期の当期損益が二〇億円の黒字から九八億九〇〇〇万円の赤字になる業績の下方修正を発表している。

本来であれば、今年は夏のオリンピックが開催されるというわけで、ホテルや旅館、旅行会社など宿泊や旅行のニーズは国内外から高まるはずであった。それを見込んで、新しいホテルの開業ラッシュが予定されていたし、先ほどの民泊のように前もってリフォームを行ない備えていたところもある。旅行会社もキャンペーンを行ない、オリンピック観戦の特別なクルーズなども用意していた。皆、千載一遇のチャンスを逃すまいとしていたわけだ。

しかし、その前に訪れた招かれざる客（新型コロナウイルス）により、宿泊予定客の相次ぐキャンセルや国による外出自粛制限などで業界は致命的なダメージを受けた。しかも、新型コロナウイルスは夏のオリンピックを延期にさせ、それ以外にも日本全国の祭りやイベントをことごとく中止や延期に追い込んだ。将来の宿泊のニーズを、すべて奪っているのである。

このまま長期化すれば、航空業界と同じ道をたどるであろうことは明白だ。稼働率二〇％や売上ゼロ％、ツアー予約七割減では生き残ることなどできるはずはないのである。

どこもかしこも青息吐息

好景気であった天国から一転して地獄に叩き落されたインバウンド業界とは異なり、アパレル業界では元々厳しい環境からさらに下に落とされた格好になった。

二〇一九～二〇年の冬は記録的な暖冬だったため、冬物の売れ行きが伸び悩んだ。その前から消費増税で苦戦している中で迎えたのは暖冬という、ダブルパンチだったのだ。そんな息も絶え絶えな状況の中で、今回の新型コロナウイルスが止めを刺したわけだ。店舗は休業要請や営業時間の短縮要請を受ける中、外出自粛を呼びかけられた消費者も店舗から足が遠のいた。

そもそも、外出することもできない中ではおしゃれをする必要がなく、ブランド品の需要は大きく落ち込んだのである。同じ理由で化粧品の売れ行きも芳しくない。インバウンド需要がなくなった影響はもちろんある。

専門コンサルティングの予想では、売上が昨対比で六〇％にまで落ち込むという。日本最大級のリユース業者である「コメ兵」には、アパレルや小売業の積みあがった不良在庫の法人買取りの問い合わせが急増している。

インバウンド需要の消滅と政府が行なう休業要請によって、ここまで売り上げが急減したり店舗が閉鎖したりすると、労働者の給与問題が発生する。一時的であればなんとかなるかもしれないが、長期化すると体力勝負になってくる。

二月二九日から東京ディズニーリゾートの休園をいち早く決めた運営会社オリエンタルランドは、当初は園で働くキャストと呼ばれる現場スタッフに対して残業代を除いた時給の約六割を給与補償とした。ただ、現場スタッフから残業代分がほとんどなく生活できないという声が上がったこともあり、三〜五月分の補償額の増額を決めた。関係者によると、増額分が二割で合計で八割の支給であるという。六月以降も状況に応じて検討されるそうだ。補償された分は経費としてオリエンタルランドが被るわけだが、休園によって実入りがない状態で出費だけがかさむわけで苦しい状態が続く。

オリエンタルランドに限らず、遊園地や水族館、映画館や劇場、野球場など、興行施設はすべて同じ状態である。だから、海外では〝レイオフ〟が盛んに行なわれている。レイオフとは、不況などにより企業が労働者を一時的に解雇することである。フロリダにある世界最大のディズニーワールド（ウォルト・ディズニー・ワールド・リゾート）では、三月半ばから休園処置が取られた。

当初一ヵ月間、給与は全額補償されていたが、長引く休園により四月一九日以降はレイオフが適応された。その数、実に四万三〇〇〇人におよんだ。また、カナダのモントリオールを拠点に世界中で活躍し幅広い人気を得ているエンターテインメント集団「シルクドソレイユ」は、今回の騒ぎで全スタッフの九五%をレイオフしている。それで話は終わらず、一部では破産を検討している旨の報道がされた。それに対して「シルクドソレイユ」側は、報道を完全に否定するのではなく「まだ決断していない」と回答しているのだ。

他にも、飲食業界は言わずもがなで、営業時間を短縮した居酒屋には人がまばらである。そもそも、大半のお店は自粛要請や緊急事態宣言によって自主休業を余儀なくされているが、開いている店でお客がこれだけ少ないと設備費や人件費の方が高く付き、かえって休む方が正解ではと感じてしまう。しかし、お客が少ない状態でも自主休業でも、売り上げが立たないことに変わりはなく、建物の賃料が払えずにオーナーに賃料の値下げ交渉を行なうことになる。

これまで昼夜問わず賑わいを見せていた銀座も、今では人の気配がなくなっている。立ち並ぶ高級寿司なども外国人観光客の激減、企業の会食がなくなるなどで状況は厳しい。ミシュラン一つ星を獲得したことのある寿司店では、七人の従業員のうち五人を解雇したという。これが三月末の話で、さらに状況は厳しくなっている。

飲食業は日銭商売で、うまく行っているお店でも内部留保は一・五ヵ月程度と言われている。だから、四月、五月の支払いはなんとかなったとしても、六月以降は見通しが立たなくなる。倒産ラッシュは、これからなのである。

いよいよ本丸（製造業）に手がかかり始めた

現在は、新型コロナ禍のショック第一波の中にいると言える。第一波は中小企業の倒産ラッシュである。その第一波も、今年の夏に向けて後半に差し掛かるだろう。それは、中小の製造業に魔の手が伸び始めていることを意味する。

五期連続して増収増益とそれまで絶好調だったある中小企業の話では、今回の新型コロナウイルスの影響で二ヵ月、三ヵ月の注文がすべてなくなっており、その先の納品についてもすでにキャンセルの問い合わせがある状況という。ものを作ってもその納品先がないのだ。それほど深刻な状況の中、今報道されている中小企業に一律二〇〇万円の助成金ではまったく足りない。なぜなら、数千万円あった売上がほとんどなくなっているところに二〇〇万円の助成金が出たとしても、何ら状況の改善に繋がらないからだ。

騒ぎが起きるまで絶好調だった会社でこうだから、大半の中小製造業が同じ状態に陥っていると考えておいた方がよい。ものづくり大国日本を支えている中小製造業が今、存亡の危機を迎えているわけで、日本の屋台骨が揺らごうとしているのがわかる。

そして、第一波の先は、第二波、第三波と続く。第二波は大企業の倒産ラッシュだ。業種によっては第一波と同時期に倒産する大企業も出てくるだろう。ただ、やはりここでも第二波の最終局面は製造業まで飛び火してくると考えておいた方がよいだろう。実際にトヨタや日産、マツダなど日本の主要産業である自動車のいくつかの製造工場が現に止まっているわけで、作っているものによって差はあるだろうが、俯瞰的に見ると製造業全体としては厳しいと言わざるを得ない。

金融不安に繋がれば最悪の事態に

第三波は、金融機関である。ここまで危機が伝播すると、今度はすべての企業が破綻候補になってしまう。現状で新型コロナウイルスによる影響を受けていない会社も、逆にそれにより特需に沸いている企業も、そんなことは関係なく突然死が起こり得るのだ。

どういうことかと言えば、金融機関は資金を企業に届けるいわば経済の心臓部を担っている。だから、いくらそれまで優良な業績を挙げていた企業であっても、融資元のメインバンクが破綻するようなことが起き融資が滞ると、途端に資金繰りに窮することが考えられるのだ。

そんなことが実際に起こり得るのか、疑問を感じた方がいるかもしれないが、実は二〇〇八年の金融危機では一瞬のうちに市場に出ている短期資金が干上がってしまい、トヨタでさえ資金調達に苦戦したという。異常事態に慌てたFRBが市場に資金供給を行なったのでことなきを得たが、もしその状態が続いていたら一流企業の破綻劇が多数見られたかもしれない。

市場から資金が一瞬でなくなることは、十分起こり得ることである。今回の新型コロナウイルス騒動の少し前、昨年九月にも実は発生している。二〇一九年九月一七日アメリカの「レポ金利」が、突然一〇%まで上昇したのである。レポ金利とは、金融機関同士が国債などを担保に短期金融市場で資金を貸し借りする際の金利のことだ。金融機関が企業の短期貸し付けを行なう際に適応される金利でもある。通常二%ほどの金利が、一瞬のうちに五倍の一〇%に急騰したのである。これにはFRBも大慌てで、すぐさま大量の資金供給を行ないなんとか金利を下げた。それだけでなく、その後も資金注入をしながら、FRBは市場を監視し続けたのである。

そこまで神経質になったのには、わけがある。レポ金利が急騰したということは何らかの理由で資金需要が増したことで、市場から資金が調達しにくくなったことを意味する。そのまま放置すれば、血流が悪くなった患者を放置していろいろな部位が壊死してしまうようなもので、至るところで企業の破綻が相次ぐ可能性があったのである。

金融機関の裏側

金融機関が破綻すると、そこと取引する企業に悪影響をおよぼす可能性がある。それとは逆に、企業が破綻することで金融機関が痛手を負うこともある。融資先の企業が破綻すれば、そこからの資金回収が滞るから当然のことだ。

ただ、破綻まで行かなくても企業を取り巻く環境が悪化することで、金融機関が致命的な損失を抱える可能性があるのだ。

そして、つい先日の二〜三月にかけての株価急落で戦々恐々とした金融機関も多い。損保や年金基金、地銀などの運用現場における「仕組債」という得体のしれない金融商品が次の舞台である。

問題になったのは、ＥＢ債やリンク債という仕組債である。ＥＢ債は、他社株転換可能債、リンク債は株式指数連動債である。普通の債券よりも高い利回りが得られる代わりに、対象銘柄の株価や日経平均があらかじめ決められた水準を下回ると大きな損失を抱えるかもしれない危ない代物だ。損保や年金基金、農林中金、地銀などは、昨今の運用難により多少でも利回りの高い仕組債に手を出したのである。結果、日経平均が一時七〇〇〇円以上急落したことで、おそらくそれら仕組債への投資は大きな含み損を抱えたはずだ。

しかし、その仕組債以上の問題になり得る、巨大爆弾のような金融商品がある。一旦火が点けばあたり一面を吹き飛ばすという危険極まりないものだ。それは「ＣＬＯ」という。ＣＬＯは企業向けのローン担保証券のことだが、このＣＬＯという言葉の響きで何かを思い出さないだろうか。それこそ、二〇〇八年の金融危機を引き起こした「ＣＤＯ」である。

コロナショック――今後やってくる“3つの波”

2020年5月現在 **第1波（序章）**	中小企業の倒産ラッシュ
▼	
第1波（後半）	中小製造業の破綻
▼	
第2波	大企業の破綻
▼	
第3波	金融不安 ※すべての企業が破綻候補へ

今回のＣＬＯは、悪名高いＣＤＯの一種で、前回が個人向けのローン担保証券（主に住宅ローン担保証券）だったことに対して、今回はそれが企業向けと対象が変わっただけで、仕組みはほぼ変わらない。それを日本の金融機関は、銀行、ゆうちょ、農林中金と大量に購入している。今回の第一波、そして第二波で世界中の企業が行き詰まれば、このＣＬＯによって邦銀は壊滅的なダメージを受けるのである。

金融機関は、その本店ともなると駅前の一等地に重厚な建物を建てていたり近代的な自社ビルを建てていて、表面上は頑強でさも立派であるが、裏側を見るとそれほど重厚な存在ではなく、意外と張りぼてのような存在であることがわかる。そして、これは日本に限らない。今回の新型コロナウイルスの影響で、イタリアは国全体が財政危機を危ぶまれている。そのイタリア国債を大量に抱えているドイツ銀行は、大きく株価を落とした。

金融機関は〝地域分散、リスク分散〟という言葉を使いながらも、このグローバル化された世界において十分な分散効果は得られず、結局世界はすべて繋がっているのである。どこかで大きな危機が起きれば、いずれも無事ではすまない。あるのは大なり小なりの程度の差だけである。

今回は、世界規模での巨大な危機である。世界中の企業や金融機関で連鎖破綻、同時破産、銀行においては世界規模での取り付け騒ぎという最悪の結末を迎えることも想定しておく必要があるのだ。

強制的な働き方改革の先にあるもの

今回の危機が第一波、第二波、第三波のどこまで発展するのか。そして、どのくらいの期間、世界は危機的状況に包まれ、そして回復にどれだけの時を要するのか。すべてを測り知ることは困難である。

ただ、確実に言えることは、今回の危機によって、企業の役割や働き方、生活スタイルが一変するということである。日本では政府が働き方改革と旗を振りながらも一向にその意識は変わらなかったが、こんな形で強制的な働き方改革を余儀なくされたのである。

その結果、淘汰される業種も出てくるだろう。これまでの記憶にある経済危機では、落ちるところまで落ちれば後は企業が残っていればV字回復を見せていた。ところが今回の暴落の後は、単に企業の淘汰だけではなく、業種の淘汰が起きる可能性がある。これまでの金融危機とはまったく違う危機が、これから様相を変えながら起きてくるのだ。

まだ、第一波の序章なのである。真剣に身構えて、生き残りを図ってほしい。

第四章

最後はほとんどの国家が破産へ

——紙幣（通貨）紙キレ化の恐怖

国家はあっという間に破産する

ニューファンドランド島をご存じだろうか？　カナダ北西部にある島で、一一万一三九〇平方キロメートルという北海道の約一・三倍の面積に約五〇万人が住む。地球儀か世界地図を眺めてもらうとすぐわかるが、この島はヨーロッパにもっとも近い北米大陸である。そのため、ヨーロッパからの植民は早く、人口一〇万人弱の中心都市セントジョンズは、北米の英語圏でも最古の都市の一つに数えられている。

さて、このニューファンドランド島、カナダの一部であることに私たち日本人は誰も何の疑問も抱かないが、実は、カナダに加えられたのは一九四九年と新しく、戦後の話なのである。それまではイギリスの植民地で、さらにその前の一九三四年までは自治領としてカナダやオーストラリア、ニュージーランドなどと同じく独立国のように振る舞っていた。

ニューファンドランド島を知っていますか

その誇り高き独立国のような自治領が、なぜ植民地に転落してしまったのか――それこそ国家破産である。多くの読者は「ああ、一九三四年なら大恐慌の影響か」と得心されたことであろう。今、新型コロナウイルスの感染拡大により、世界経済はしばしば「大恐慌以来」と評されている。そういう時代に大恐慌時に国家破産し、事実上の独立国家から転落したニューファンドランドの歴史を振り返ってみるのも、決して無益ではないであろう。

大恐慌が始まったのは一九二九年だが、ニューファンドランドが国家破産し始めたのは実は一九二九年ではない。比較的景気の良かった一九二〇年代を通じて財政赤字が続いていた（今日のどこぞの国を想起させる）。公的債務（大半は対外債務）が積み上がり、大恐慌が始まる前年の一九二八年時点で債務は歳入の八倍以上に達していた。そこに襲いかかってきたのが、大恐慌である。

大恐慌時代における世界経済の一番の特徴は、保護主義である。経済が悪化した各国は自国の産業を守るべく、経済ブロックを構成したり輸入を制限する保護主義的政策を採用した。そのため、国際貿易は五〇％以上も減少した。当時、関税収入頼みだったニューファンドランド自治領政府の歳入は、一九二八～三三年にかけて減少し、それに伴って債務歳入比率は上昇した。債務が増えれば、当然利払いも増える。一九三二年には歳入に対する利払い比率は五九％にも達し、利払いは単独項目として最大を占めるに至った。

一方で、恐慌で職を失った人々らによる生活保護の申請は当然大きく増えた。もはや、独立して財政を維持して行くことは不可能。一九三三年二月、イギリス政府はニューファンドランドの財政状態と将来展望を調査分析する委員会を設置。同年一二月には融資法が可決成立し、デフォルトに陥るのを避けるために自治権の返上が決まった。

こうして、大英帝国の中で英国議会に次ぐ古い歴史を誇っていた自治領議会は廃止され、ニューファンドランドはイギリスの植民地に転落したのである。

このニューファンドランド自治領破産の歴史は、コロナ禍の現代に生きる私たちにも意味のある教訓を与えてくれるのではなかろうか。

教訓の第一は、財政危機に陥る前、新型コロナで言えば感染する前の状態が大切だということである。景気が良い時にも借金を増やし続ける、体の方で言えば普段からタバコを吸ったり不摂生を重ねて免疫力を低下させる。そういうことをやっていると危機が訪れた時には破綻に、感染してしまった時には死に至ってしまうのである。

第二の教訓は、破綻に、あるいは死に至る時は、あっという間だということである。新型コロナでは、軽症で自宅待機していた埼玉県のまだ五〇代の男性が急激に容体が悪化してあっという間に死んでしまった。国家破産も、あっという間である。大恐慌の引き金となった「暗黒の木曜日」は一九二九年一〇月二四日。ニューファンドランド自治領が事実上破産したのは一九三三年末だから、わずか四年後のことである。

アフリカでは、よくて三〇〇万人、最悪三三〇〇万人が死ぬ

時計の針を現代に戻そう。今世界は新型コロナウイルス爆発的感染による未

曽有の危機下にある。この危機に際して、もっとも弱い国はどこか？　現時点でもっとも感染が広がっているのはアメリカであるが、アメリカが世界でもっとも危機に弱いとは絶対に言えない。言うまでもなく、アメリカは陰りが見えるとはいえ、今でも世界一の超大国であるからだ。

危機に弱いのは、体力の弱い国、つまり新興国だ。そして、本稿を書いている二〇二〇年五月上旬時点で発生源の中国、次いで感染が拡大したヨーロッパ、そしてその後世界一感染が広がったアメリカでは、感染増加にブレーキがかかりつつある。しかしその一方で、（中国・台湾・韓国以外の）アジアやアフリカ、南米やロシア、東欧諸国といった新興国での感染者数は、急増しつつある。

「ＧＨＳインデックス」という数値がある。これは、各国が疫病の流行にどれだけ準備できているかを、六つの項目（予防・検知・迅速な対応・医療体制・国際協調・リスク管理）、三四の指標、八五の副指標に沿って、米ジョンズ・ホプキンス大学らがインデックス化したものだ。

この数値が世界でもっとも高い国はどこかというと、やはりアメリカだ。アメリカは、ニューヨーク州などで医療崩壊寸前などと報じられているが、やはり防疫の面でも総合力は高いと考えてよい。以下、二位がイギリス、三位オランダ、四位オーストラリア、五位カナダと欧米先進国が続く（皮肉なことに、防疫ランク一位・二位の国が感染死者数の一位・二位になってしまっている。防疫体制がしっかりしていても、一歩対応を誤るとこのようになってしまうところが感染症の怖さである）。ヨーロッパの先進国の中でも、初期の段階で特に感染被害が深刻だったスペインは一五位、イタリアは三一位。そして、日本はそのスペインとイタリアの間の二二位だ。

本稿を最終チェックしている六月上旬時点では、緊急事態宣言も解除され、感染拡大の勢いは鈍っているようにも見えるが、わが国で執られているのは所詮強制力のない「要請」であり、要請に従わずに別荘地にコロナ疎開する者もいれば開業し続けるパチンコ店もある。本書が世に出る頃に、スペインやイタリアのようになっていないことを祈るばかりだ。

さて、このGHSインデックスの防疫ランキングで三一位のイタリアを、ずいぶん低いと思われたかもしれないが、実は決してそんなことはないのだ。ランキング最下位は一九五位で、その国はアフリカの赤道ギニアだ。下から二番目もアフリカの国ソマリア。内戦が続く世界の最貧国の一つだ。下から三番目は金王朝独裁の北朝鮮。以下、下から一〇位までの国々を地域別に見てみると、アフリカが半数の五つを占め、アジアが北朝鮮に加えてイエメンとシリアの計三ヵ国。西アジアの二ヵ国はいずれも内戦でまともな統治の体を成していない国だ。あとの二ヵ国は一応オセアニアに分類されるが、太平洋の群島の国、マーシャル諸島とキリバスだ。

世界には、スペインやイタリアよりも防疫体制が脆弱なこういった貧困国が二〇〇ヵ国近くもあるのである。これらの貧困国に新型コロナウイルスが広がって行ったら……。今、欧米で起きている事態よりはるかに大変な惨状が現出することが容易に想像されよう。文字通り、手の付けようのない事態になることだろう。すでに六月上旬時点で新興国の新規感染者数は先進国を抜き、一日九万人を超えている。ブラジルでは一日の感染者数は三万人を超え世界一となり、さらにインドは一日一万人弱の感染者を出している。

国連アフリカ経済委員会は四月に発表したレポートで、「アフリカ大陸でのコロナ感染による死者は少なくとも三〇万人に達する」との予測を発表した。「少なくとも三〇万人」である。では、最悪だとどれくらいになるというのか——三三〇万人である。対策を取らなければ、死者は三三〇万人にも達するというのである。しかし、死者三〇万人という最善シナリオには大きな問題が潜んでいる。死者を三〇万人に抑えるには、ロックダウン（都市封鎖）が必要なのだ。そのため、死者は三〇万人に抑えられるものの、二九〇〇万人もの人が極度の貧困に陥るという。新型コロナによる死か、貧困による死か——新興国における新型コロナ感染拡大は、先進国以上に深刻な問題をはらんでいるのだ。

中国はウイルスだけでなく「債務の罠」もバラ撒いた

こういった新興国が抱える問題点は、防疫ばかりではない。二〇二〇年になってから新型コロナウイルスというトンデモナイ禍が中国を発生源としてバラ撒かれたのだが、実は中国はそれ以前から新興国にやっかいなものをバラ撒いていた。その「やっかいなもの」とは何か――お金である。

「お金をバラ撒いて厄介なことがあるものか」と思われた読者もいるであろうが、お金を出してもらう側、借金をする側の立場は弱い。いわゆる「債務の罠」にはまるのである。

債務の罠について、簡単に説明しておこう。アフリカやアジアの新興国では、まだインフラも十分に整備されてはいない。しかも、その多くは専制独裁国家なので、先進国基準のガバナンスやコンプライアンスに反するため融資を受けられない。そういう国に目を付けたのが中国だ。中国は、独裁国家でも計画が杜撰でも融資した。「借りられた、借りられた」で、借りる時はいい。しかし、多くの国で財政規律を無視した杜撰な計画であったため、借金を返せなくなってしまう。そうなると、借金の形《かた》に大変なものを取られてしまうのだ。

代表例がスリランカだ。スリランカは中国から融資を受けて、ハンバントタ港という大きな港を建設した。港を利用する船から得る使用料で借金を返そうという計画だったのだが、地理的に不便なところに造ったため利用が伸びず、借金を返済できなくなってしまった。そのため二〇一七年に、「借金を返さない代わりに、九九年間にわたって港を中国に全面的にお貸しします」ということになってしまったのである。

この九九年というのは、イギリスが中国の香港を統治していた期間と同じである。一九世紀に大英帝国が中国に対してやったことを、中国は今新興国に対して行なっているのである。まさに現代の帝国主義。これが債務の罠である。

アフリカ・アジア・中南米などの十数ヵ国が、中国からの過剰債務問題に直面している。それでも、世界経済の状況がよい時ならまだいい。杜撰な計画でも港湾・空港・道路・鉄道などを活用すれば、多少の経済効果は得られる。しかし、新型コロナウイルスの世界的感染爆発は、そのささやかな期待も打ち砕いてしまった。全世界的に人の動きは遮断されたのである。港湾・空港・道路・鉄道などは無用の長物となり、今残っているのは維持コストと返済せねばならぬ莫大な借金だけである。

新興国の中国からの借金が、どのくらいの額になるのか。中国国家開発銀行（ＣＤＢ）などの政府系銀行や融資先の国が口を閉ざしており、実は明らかになっていない。ハーバード大学のエコノミストで元国際通貨基金（ＩＭＦ）当局者のカーメン・ラインハート氏が参加するチームは、過去二年にわたり中国の融資に関するデータを収集。ラインハート氏と同氏と共にその結果を分析したエコノミストのセバスチャン・ホーン氏、クリストフ・トレベッシュ氏の三人は、中国による新興国への融資を二〇〇〇億ドル（約二一兆四〇〇〇億円）以上と推定し、それが公にされていないとの見方を示す。また、中国からの借り入れ規模が国内総生産（ＧＤＰ）の二割以上におよぶ貧困国は一〇ヵ国以上におよぶと見られている。

この〝隠れ債務〟を具体例で見て行こう。アフリカ最大の経済国ナイジェリアの公式統計を見ると、二〇一七年末時点の対中債務は二〇億ドル程度で中国はそれほど大きな貸し手ではないように見える。だが分析によると、実際のナイジェリアの対中債務はその倍以上にのぼると推測されている。中国は首都アブジャの路面電車など、インフラ融資を手掛けている。昨年は、ナイジェリア初の深海港湾施設向けに六億二九〇〇万ドルの融資を確約。ナイジェリア政府は、さらに政府系の中国輸出入銀行から一七〇億ドルを借り入れようとしている。中国の融資（大半はドル建て）は、世界銀行など国際金融機関が手掛ける融資と大きく異なる。世界銀行などは実勢金利を下回る水準で融資を行なうのに対し、中国は市場金利で貸し出す傾向があり、時には石油など融資先の資源を担保としている。ナイジェリアは、世界有数の産油国だ。

しかし、読者の皆さんもご存じの通り、原油価格は暴落している。新型コロナウイルスの世界的感染爆発による経済活動の収縮を受けて、原油の需要が大きく後退したためだ。二〇二〇年四月二〇日の原油先物市場では、史上初の事態が発生した。ニューヨーク商業取引所のＷＴＩ（ウエスト・テキサス・インターミディエート）原油先物の五月限価格の終値が、史上初めて〝マイナス〟三七・六三ドルで引けたのだ（一時はマイナス四〇・三二ドルにまで下落した）。

担保としての石油の価値は、今や絶望的なものとなってしまった。こうなると、返済に行き詰まった新興国が中国の貸し手に対して借り入れ条件の見直しを求める可能性があるという指摘も出ている。

新型コロナウイルスの感染拡大は、中国経済にも甚大な影響をおよぼしている。四月一七日に中国国家統計局が発表した二〇二〇年一～三月の国内総生産（ＧＤＰ）は四五ページの図にあるように物価変動を除いた実質で前年同期比六・八％減となった。四半期の成長率としては、記録がある一九九二年以降で初めてのマイナスである。新型コロナウイルスの世界的流行が長期化すれば、文化大革命の混乱期以来となる通年でのマイナス成長の可能性も小さくない。

こうした中国国内経済の状況を踏まえると、中国が借り換えに応じることを渋る恐れもあり、そうなれば新興国の流動性危機は一段と深刻化しかねない。二〇二〇年三月三一日付ウォール・ストリート・ジャーナルは、オバマ政権時代に国務省幹部（東アジア担当）を務めたダニー・ラッセル氏の次の言葉を引用して、中国からの過剰債務による新興国危機の現状を説明している――「一帯一路による債務負担は多くの国にとって、あっという間に持続不可能になる」。

二〇二〇年に入って、新興国の債務危機は顕在化し始めている。中国から多額の借金を抱えるアンゴラやエクアドルなど、一部の資源国の国債（ドル建て）は、年初来およそ五〇％値下がりした。中国からの借金を抱えている国ばかりではない。新興国の経済はどこもそもそもぜい弱だ。資源価格は暴落し、貿易は大幅に縮小。しかも、これから感染が広がれば感染拡大抑止のための財政支出がどこまで膨らむか計りしれない。

国際金融協会（IIF）によれば、三月一ヵ月だけで八三〇億ドルが新興国から流出した。IIFは四月九日にまとめたキャッシュフロー報告書で、二〇二〇年に中国を除く五八の新興国から二一六〇億ドル（約二三兆一〇〇〇億円）に達する資金が流出すると予想している。英経済紙『エコノミスト』は、「当面の輸入代金とドル建て債券も手当てできず、『最後の貸し手』のIMFに支援を要請した国が九〇ヵ国を超えた」と報道した。

経済の悪化に直面するアフリカの財務相のグループは、国・公共部門の債務に対する二〇二〇年の利払い四四〇億ドルを放棄する方針を打ち出した。これを受けて国際通貨基金（ＩＭＦ）や世界銀行は、ザンビア・ナイジェリア・ガーナなど最貧国の債権者に対して、利払いの猶予を認めるように呼び掛けている。

元ＩＭＦ首席エコノミストのモーリス・オブストフェルド氏は、四月一二日のブルームバーグとのインタビューの中で、こう語っている。「いま生きるか死ぬかの岐路に立っている。（ＩＭＦにとって）恐らく世界大戦以降に体験したことのない最悪の世界金融危機になるだろう」。

未曽有の危機を体験することに

「最悪の世界金融危機」——そうなのだ。この過剰債務問題は、実は新興国に限らない。世界全体の問題なのだ。世界はリーマン・ショック後、ひたすら金融緩和をしてきた。金融緩和をわかりやすく言えば、超低金利だ。超低金利だから借金をしやすい。そして、世界中は借金まみれとなった。

その額、日本円換算で実に約二京七〇〇〇兆円。史上最大の額だ。しかし、その借金は本当に実体経済にとって意味のあるものだったのかというと、そうではない。先に取り上げた中国による債務の罠ほどひどくはないにしろ、超低金利なので意味もなく借金を膨らませてしまったという側面が強い。

その問題を、私はすでに二〇一八年一二月に上梓した『最後のバブルそして金融崩壊』（第二海援隊刊）の中で指摘しているのだが、二〇一八年三月末までの一〇年間で、世界の債務は七五兆ドル増加したのに対し、その一〇年間での世界の国内総生産（ＧＤＰ）の伸びは二四兆ドル。つまり、借金増に比べて実体経済の方はまったく伸びていないのだ。

今、新型コロナウイルスの感染爆発により、世界経済は一気に収縮してしまった。あの中国でさえ四半期ではマイナス成長となり、通年でもマイナス成長に陥る可能性が小さくないのだ。まして、今までも低成長にあえいでいた国は成長率は大幅にマイナスとなり、したがって税収も大幅減となるのは必至。

その一方で、様々な給付金や補償などで財政はどこまで膨らむか、まだまったく見通しが立たないのが現状だ。当然、史上最大にまで膨れ上がった債務はさらに膨らむこととなる。どこまでも借金が膨張して行って大丈夫なのか？　そんなはずはない。ある日突然、終わりが来る。そして未曽有の危機を体験することになるのだ。

イタリア国債は投資不適格（投機的）寸前

こうした危機が訪れた時には、体力が弱っている国からバタバタと倒れて行く。体力が弱っている国――もちろん、ここまで見てきた新興国はすべてそうだ。これから新興国経済が目も当てられぬ惨状に陥ることは、まず間違いないであろう。しかし、新興国ばかりではない。先進国でも普段から不摂生をして体力が低下している国は、本当に破産に至りかねない。今、世界経済はまさにその〝地獄の一丁目〟にいるのである。

不摂生を重ねて体力が弱っている先進国の代表はどこか？——まずはイタリアであろう。イタリア財政は、二〇二〇年に入ってからのコロナ禍のはるか前からずっと危機が指摘されてきた。二〇一八年にも二〇一九年にも、イタリアはEUから財政ルール違反により制裁措置を受ける寸前まで行った。

EUは単一通貨ユーロの信認を守るため、加盟国の財政を巡ってGDP比で⑴財政赤字は三％を超えない、⑵公的債務は六〇％を超えないという共通ルールを設けている。二〇一八年のイタリアの公的債務は、国内総生産（GDP）比で一三二・二％とユーロ圏ではギリシャに次いで高い。しかもコンテ政権はポピュリズム（大衆迎合主義）政権と言われ、増税や歳出減には慎重。だから、元々財政が改善する兆しはなかった。

EUは、ルール違反が深刻な加盟国には「過剰財政赤字是正手続き」（EDP）と呼ぶ制裁措置を発動し、財政をEUの監視下に置ける。二〇一八年も二〇一九年も、交渉終盤でイタリア政府が予算案を修正することで制裁手続き入りは避けられたが、予算案修正は明らかに制裁回避が目的であった。実際に達成できるか、抜本的な財政健全化につながるか否かはそもそも明確ではなかった。イタリアはユーロ圏第三位の大国であり、ＥＵ側も対立を深めたくなかったという事情から生まれた妥協であった。

こういう、いい加減なポピュリズム財政のイタリアにコロナ禍が襲いかかったのだ。読者の皆さんもご存じの通り、イタリアで新型コロナは一気に爆発的に広がった。二〇二〇年三月二七日には、感染者の多い北部ロンバルディア州を中心に一日の死者が九一九人に達した。たった一日で一〇〇〇人近くの人が新型コロナで亡くなったのである。その後、ロックダウン（都市封鎖）の効果により、感染拡大にはブレーキがかかってはきたが、二〇二〇年六月一一日時点で感染者数は二三万人超で、アメリカ・ブラジル・ロシア・イギリス・インド・スペインに続き世界で七番目。死者数も三万人を超え、アメリカ・イギリス・ブラジルに次いで世界で四番目に多い。

当然、経済への影響は深刻だ。封鎖措置により、イタリア国内では、仕事や健康上の理由を除く移動は原則禁止され、学校や映画館、劇場など公共の施設は閉鎖、スポーツイベントは中止、カフェの営業時間も制限された。外出時には理由を明示する証明書の携帯が求められ、街中では警官が検問を実施し、証明書を携帯していない人は最大三〇〇〇ユーロ（約三五万円）の罰金となった。日本の「自粛要請」よりはるかに厳しい措置だ。人の動きは、完全に凍結されたと言ってよい（二〇二〇年五月四日から規制は段階的に解除されているので、本書が店頭に並ぶ頃にはある程度緩和されているであろうが）。

これにより深刻な影響を受けるのは消費であるが、影響を受けているのはもちろん消費ばかりではない。イタリアのクラスターの発生源となった北部ロンバルディア州（州都ミラノ）は、二〇一三〜一七年の州別GDPの伸び率が二〇州でもっとも高く、イタリア経済のエンジンの役割を果たしてきた。これに感染者数の多いロンバルディア州、エミリア＝ロマーニャ州、ピエモンテ州、ヴェネト州、マルケ州の五州のGDPを合わせると、全国のほぼ半分を占める。

イタリアの大企業といえば「FIAT」を思い浮かべる読者が多いだろうが、このFIATとは「Fabbrica Italiana Automobili Torino」の頭文字を取ったもので「トリノのイタリア自動車製造所」の意味。そのトリノもピエモンテ州にあり（州都）、ＦＩＡＴはイタリア国内の六つの工場の休業を余儀なくされた。感染拡大に歯止めを掛けるため、経済のエンジンを一時的にせよ停止せざるを得なくなった影響は大きい。

そもそも、イタリア経済はユーロ危機による二番底で景気拡大局面入りが遅かった上に二〇一八年一～三月期以降、すでに失速していた。イタリアの実質ＧＤＰは、二〇一九年一〇～一二月期においてすでに前期比マイナス〇・三％に沈んでいたのだ。そこにコロナ禍が襲いかかったのである。

二〇二〇年一～三月期のマイナス成長は確実となり、四～六月期どうなるか、現時点では予測が立たない状況だ。四月一三日、国際通貨基金（ＩＭＦ）は、二〇二〇年のイタリアの実質ＧＤＰ成長率がマイナス九・一％になるとの最新予測を発表している。一割近くもマイナスになるというのである。

しかし、大幅なマイナス成長となり、税収も激減しようとも、コロナ対策は打たねばならない。イタリア政府は、封鎖措置の一方、賃金補償や税・社会保険料支払いの繰り延べ、借入支援のための政府保証、さらに公共医療サービスや治安部隊への追加予算など対策を決めている。イタリアがEUの財政ルールから逸脱することは、確実となった。

グアルティエーリ財務相は、二〇二〇年三月五日、EUにGDP比で〇・三%相当の対策を講じることで二〇二〇年の財政赤字の目標のGDP比は二・二%から二・五%に拡大することと、非常時としてEUの財政ルールから逸脱することに理解を求める書簡を送った。これに対しEUは、三月六日のイタリア財務相への返信でイタリアの財政措置と新型コロナウイルスのマクロ経済への影響次第で状況が変化することに理解を示している。

欧州中央銀行（ECB）も、なり振り構わずイタリアを支えようとしている。景気の大幅な下振れ、コロナ禍対策による財政出動の拡大が嫌気され、イタリア国債利回りは三月半ばに急上昇した（国債価格は急落したということ）。それを抑え込むため、ECBは三月一八日に緊急でイタリア国債市場に介入したとされる。さらにECBは同日、緊急理事会を開催し、「パンデミック緊急資産購入プログラム」（ＰＥＰＰ）の導入を発表した。これにより、今回のようなイタリア国債利回りの急激な上昇に対して、あたふたすることなく機動的な買い入れを行なうことが可能となった。ＥＣＢはイタリア国債を買い支えるために、言わば「何でもあり」対応を取ったのだ。

さらにＥＣＢは四月二二日、適格担保基準を緩和し、今後投資不適格級（投機的）に転落した債券も、担保として受け入れることを発表した。これは何を意味するのか？　今、イタリア国債の格付けはＳ＆ＰとフィッチがＢＢＢ。ムーディーズに至ってはＢａａ３（ＢＢＢマイナスに相当）と、投資適格級の最下位にある。あと一歩下がれば投資不適格、投機的なランクになってしまう。ＥＣＢはそれをも視野に入れて、「それでもいいよ」と優しく微笑んだのだ。

五月一八日にドイツのメルケル首相とフランスのマクロン大統領は、新型コロナウイルスで深刻な被害を受けた国を支援するために、五〇〇〇億ユーロ（約五八兆円）の「復興基金」を設立するよう、ＥＵ（欧州連合）に提案することで合意した。これは、イタリアなどの求めに応じるものだ。

しかし、この独仏提案については、ＥＵ内で即座に反対意見が表明されている。オーストリアのクルツ首相はこの独仏の提案に対して、「基金は補助金ではなく加盟国に返済させる融資方式にすべき」と反発している。さらに、補助金に反対してきたオランダやデンマーク、スウェーデンと連携する構えを示している。ＥＵは一枚岩ではない。

先に述べたように、二〇二〇年三月中旬、イタリアの一〇年物国債利回りは一時、三％を上回る水準まで急上昇（価格は下落）した。その後のＥＣＢとＥＵの対応により、足元では一％台後半で利回りは落ち着いているものの、四月半ばに一旦二％を超えるなど、市場の動揺はくすぶっている。ＥＣＢやＥＵ次第なのだから、それも当然と言えよう。

もし、オランダやオーストリアの反対により、イタリア財政を支える構想が頓挫すれば、イタリア国債は再び急落しかねない。また、今はイタリア国債をＥＣＢが買い支えてくれているが、「パンデミック緊急資産購入プログラム」が失効する二〇二一年以降は、そうは行かない。イタリア財政・イタリア国債を支える構図に綻びが生じてイタリア国債が暴落すれば、イタリア国債を大量に持っているイタリアの銀行が自己資本不足に陥り、自己資本比率規制に従うために貸し渋りを余儀なくされ、イタリアの景気がさらに悪化する。それによってイタリア政府の税収が一層減少する。こういった悪循環も生じかねないのだ。

経済の深刻な落ち込みと大幅な財政出動により、二〇一九年末時点で一四〇％に接近していたイタリアの公的債務残高の対ＧＤＰ比率は一五〇％を超えるのは確実で、一六〇％近くに達する可能性もある。改めて繰り返すが、元々ポピュリズム（大衆迎合主義）による杜撰な財政運営が問題なのだ。コロナ禍が過ぎ去った時、イタリア国債は本当の試練を迎えることとなるだろう。

アメリカの政府債務は、第二次世界大戦時を超えた

世界最悪の新型コロナ感染国となってしまったアメリカ。二〇二〇年六月一一日時点での感染者数は一九九万人弱、死者数は一一万二〇〇〇人超と世界で

断トツのトップとなってしまっている。

ニューヨークなどのロックダウンにより、経済活動はストップ。アメリカの実質国内総生産（ＧＤＰ）は、四～六月期に年率換算でなんと前期比四〇％減と戦後最悪のマイナス成長が予想されている。リーマン・ショック後の二〇〇八年一〇～一二月期が年率八・四％減だったから、その五倍近い悪化となる。

影響を受ける代表的な業種である飲食業。米飲食店予約サイト「オープンテーブル」の調査によると、二〇二〇年三月二〇日時点の客数は前年比九九％減という壊滅的状況となった。一二〇〇万人の飲食店従業員のうちすでに八〇〇万人が解雇や帰休の対象になったと試算されている。経営不安は大手企業にも広がり、失業率は四月八日に発表された雇用統計で一四・七％となり、戦後最悪の水準に悪化した。

トランプ政権は三月以降、立て続けに合計三兆ドル（約三二一兆円）の財政出動を決定。中小・中堅企業（従業員五〇〇人以下）には六六〇〇億ドルもの資金を用意して、事実上給与支払いを連邦政府が肩代わりした。

大統領選をにらみ、トランプ大統領は「景気はV字型の回復をなし遂げる」と強気に主張する。四月一六日には経済活動を段階的に再開させるための指針を発表し、与党・共和党の知事の州を中心に制限の緩和に向けた動きが出ている。企業では、航空機大手のボーイングが五月三日から、商用機三工場をすべて再稼働。米議会予算局（ＣＢＯ）は七〜九月期には年率二三・五％の大幅なプラス成長に戻ると予測している。

ただ、米国は感染者数が六月一一日現在、一九九万人弱となり、経済活動再開は大きな賭けだ。自動車大手ゼネラル・モーターズ（ＧＭ）も早期の生産再開を探るが、労働組合は「リスクが高い」と反発する。食肉工場では全米七四ヵ所で感染者が確認され、操業が一部停止して豚肉などの価格が上昇し始めた。経済活動再開は、感染拡大第二波を招くリスクと背中合わせなのだ。

実際、一九一八年から二〇年にかけて世界中で猛威を振るったスペインかぜも、第一波、第二波、第三波と大きな波は三回にわたって押し寄せた。第一波は一九一八年の春、アメリカやヨーロッパで、第二波は一九一八年の秋、今度はほぼ世界中で同時に起こり、病原性がさらに強まり重篤な合併症を起こし死者が急増した。そして第三波は一九一九年春から秋にかけて、第二波と同じく世界で流行した。最初に医師・看護師の感染者が多く出て医療体制が崩壊してしまっていたため、感染被害が拡大したのだ。この先例から考えれば、私たちは第二波、第三波の襲来に十分注意しなければならないのは明らかだ。

ＩＭＦは二〇二〇年四月一四日に発表した「世界経済見通し」において、二〇二〇年の実質経済成長率は世界全体でマイナス三・〇％、アメリカはマイナス五・九％に落ち込むと予測したが、二〇二一年にはそれぞれ五・八％、四・七％とＶ字回復すると見込んだ。

しかし、この予測には前提がある。それは、二〇二〇年後半にパンデミックが収束するというものだ。そうなれば、二〇二一年には政策支援もあって経済活動が正常化し、Ｖ字回復が可能になるというのだ。

また、ＩＭＦはこの他にも三つのシナリオを用意している。一つ目は、二〇二〇年中にはパンデミックは収束しないというもの。二つ目は、二〇二一年に第二波が起こるというもの。そして三つ目は、その両方が起こる、つまり二〇二〇年中にパンデミックは収束せず、そして二〇二一年には第二波が起こってしまうというものだ。そして、この三つ目のシナリオの場合、世界経済は二〇二〇年マイナス三％、二〇二一年マイナス八％、二〇二二年マイナス六％、二〇二三年マイナス五％、二〇二四年マイナス四％と、なんと今後五年間もマイナス成長が続くことになるという。

しかし、この三つ目のシナリオ「二〇二〇年中にはパンデミックは収束しない、そして二〇二一年には第二波が押し寄せる」——これは決して、極端なシナリオではない。十分あり得るシナリオだ。もしそうなれば、世界経済は本当に大恐慌以来の地獄に陥ることになる。税収は激減、その一方で財政支出は際限なく膨らんで行く。そうなれば、超大国アメリカの国債といえども、今までのように無条件の信頼は得られなくなるかもしれない。

すでにトランプ政権も三兆ドルの経済対策ではＶ字回復は困難だと判断しつつある。トランプ大統領は追加策に着手する方針で、内需喚起に向けた大型減税や、雇用の受け皿となるインフラ投資に言及。中小企業の給与補填策も六月末までの時限措置で、延長論が浮上しそうだ。米連邦政府の財政出動はすでにＧＤＰ比一五％と過去最大だが、さらに一兆ドル程度積み増す可能性がある。

こうしてアメリカ政府は、なり振り構わぬ巨額の経済対策に打って出ているのであるが、そのためには巨額の資金がいる。二〇二〇年五月四日、米財務省は二〇二〇年第２四半期（四～六月期）に過去最大の三兆ドル（約三二一兆円）の借り入れをする方針を明らかにした。巨額の予算不足が生じているのだ。四半期の借り入れとしては、リーマン・ショックのピーク期に記録した過去最高額を五倍以上も上回るトンデモナイ額だ。米議会予算局は四月、今年の予算不足は三・七兆ドルにのぼると予測。二〇二一会計年度末（二〇二一年九月末）の米政府債務は、国内総生産（ＧＤＰ）の一〇八％に達するとした。これは、第二次世界大戦後の一九四六年度末の一〇六％を超える米国史上最悪の水準だ。

この政府の借金を、一人引き受けているのが米連邦準備制度理事会（ＦＲＢ）である。二〇二〇年三月二三日、ＦＲＢは米国債と住宅ローン担保証券の購入額を無制限にすると決めた。その結果、ＦＲＢの資産規模は四月二二日時点で六・五兆ドルと空前の規模に膨れ上がり、リーマン・ショック後のピークである四・五兆ドルを大きく上回った。二月末の保有資産は四・一兆ドルだったから、コロナ対策で発行が急増する米国債をＦＲＢが一手に引き受けて莫大な額の資金供給をしていることがわかる。

先に、第二次世界大戦後の高い債務水準について触れたが、実は第二次世界大戦後の一九四六〜五一年まで、ＦＲＢは戦時国債を民間銀行から簿価で買い取って民間に資金を供給し続けた。今日と同じ量的緩和のように見える。ＦＲＢが買い取ることで金利上昇は抑えられ、資金供給によりアメリカ経済は落ち着いた成長軌道を取り戻して行った。今回もそうなるのだろうか？

成長戦略総合研究所代表取締役社長で米ゴールドマン・サックス本社パートナーを務めたこともある山崎養世氏は、二〇二〇年四月二七日付ＪＢｐｒｅｓｓに「二一世紀型世界大恐慌の足音が聞こえる――震源地は新型コロナ禍に引導渡された米国」と題する論考を寄稿している。そしてその中で、今回の国債買い取りは成功した戦後の国債買い取りとは「かけ離れたものになる」と断じている。終戦直後は、経済成長↓税収増加↓財政健全化↓国債の信用回復となったが、今回は前提条件が違うから、そうはならないと言うのだ。

根本的に何が違うかというと、今回は国民と経済の損失補填のための財政支出増であることだ。わかりやすく言えば、プラスを生むための財政支出増ではなく、マイナスを埋めるための財政支出増なのだ。したがって、財政支出に見合うほどの税収は得られず、コロナ後も財政赤字は拡大。そうなると、山崎氏は新型コロナ対策としての米国債発行に対して「クラウディングアウト」が発生するだろうという。

クラウディングアウトとは、資金需要に対して十分に資金供給がない状態、つまり資金の出し手がない状態のことだ。市場参加者の多くが「財政健全化は不可能」という予想を持った時、FRB以外に有力な買い手のない国債の価格は下落（金利は上昇）し、米国債の保有者であるFRBの信用も毀損することは間違いない。かくして、「米国債、米ドル、米国株式のトリプル安の連鎖が起きるだろう」（ＪＢｐｒｅｓｓ二〇二〇年四月二七日付）と山崎氏は主張する。

山崎氏の言うようにアメリカはトリプル安に見舞われるのか──絶対にそうなると断じることはできない。しかし、米国債を取り巻く環境が根本的なところで大きく変わってきていることはまぎれもない事実だ。

大統領選挙を控えて、トランプ大統領がさらにトンデモナイ額の財政支出を行なうことはまず間違いない。彼は、今見栄えが良ければいいのだ。そうでなくては当選できないのだから。しかし、それで米国債の信用を保ち続けることはできるのだろうか……。

日銀は財政ファイナンスに踏み込んだ

破産する国家候補の最後に、やはりこの国について述べなくてはならない。そう、わが日本国である。選挙のためにバンバンお金をバラ撒く。これは何もトランプ大統領に限ったことではない。すでに見たイタリアのコンテポピュリズム（大衆迎合主義）政権しかり、そしてわが国の安倍政権しかりである。

安倍政権は、当初閣議決定した減収世帯への三〇万円の給付を取り下げ、国民一人当たり一律一〇万円の給付に変更した。これはスピード感を重視したためだが、これにより給付額は四兆円から一二・八兆円へと大きく膨らんだ。配る額を膨らませることは、政治的には安易にできると言ってもよい。もちろん、膨らんだ八・八兆円分は全額赤字国債の追加発行で賄う。今後さらに、家賃支払いが困難になっている事業者への何らかの形での支援や今回の補正に盛り込まれた一兆円の自治体向け臨時交付金の増額など第二次補正予算が組まれるのは確実で、その額がどこまで膨らんで行くかはまだ皆目わからない。

もちろん、今は「緊急事態」であるから政策として何らかの緊急支出をすることには異存はない。しかし一方で、こういった施策がどれほどの経済効果を持つのか疑問であるのも事実だ。先の一律一〇万円、総額一二・八兆円の給付金にしても、麻生政権時代に行なった定額給付金の消費増効果から考えれば臨時収入を得た家計が消費に回す割合は一〇～二五％に過ぎず、したがって今回の消費増効果も一兆円強から三兆円強くらいではなかろうか。先のアメリカもそうだが、バンバン財政支出をしても経済効果の方はそれほどでもなく税収は上がらず、財政悪化は一段と深刻化する――私はそのようなシナリオを描く。

「自粛と補償はセットだろ」――これは、日本共産党のポスターで大きく掲げられているスローガンである。「野党が一致して要請」とも謳われている。本稿を書いている五月上旬時点では、第二次補正予算が議論されているが、立憲民主党の枝野代表は五〇兆円規模の財政支出を要求。国民民主党の玉木代表はさらにその倍額の一〇〇兆円規模の第二次補正予算を訴え、威勢がいい。財源に関しては、償還期間一〇〇年の「コロナ国債」の発行を提案した。

しかし、実は巨額の財政支出を求めているのは野党ばかりではない。五月一日、自民党の若手国会議員らは、新型コロナウイルスに対する経済対策として、新たに財政支出一〇〇兆円規模の今年度補正予算案の編成を政府に求める提言を発表した。売り上げが減少した中小・小規模事業者への給付金の拡充（五〇兆円）、国民への現金給付の追加（二六兆円）などを要求。新規の国債発行で財源を賄うとした。

こうして見ると、与党も野党もこと財政に関しては言っていることにほとんど差はない。要は「補償しろ。お金を出せ。国債発行には躊躇するな」ということだ。今政府には、内からも外からも〝カネ出せ圧力〟しかかからない状態である。そして今、「どんどん出せ。補償しろ」と言う方が、明らかにカッコいい。国会中継(実に下らないので、私はほとんど見ないのだが)などをたまに見てみても、そっちの方が攻めている感じがする。それに対し政府側の答弁は、歯切れが悪く、前向きでない印象を受ける。

しかし、そう簡単に「出します、出します」と言えないのは、責任ある立場にある者なら当然の思慮ではなかろうか。政府が休業要請に応じた企業に損失を直接補填する「休業補償」に否定的なのは、それをやってしまうと財源がいくらあっても足りないことが主な理由である。それに、たとえば学校給食や飲食業に農産物を納めていた農業者は、作物の売り先がなくなってしまったが休業要請の対象ではない。航空など交通機関も対象外だが、影響が甚大(日本国内の航空会社の営業収入は、二～五月の三ヵ月だけで前年同期比で約五〇〇〇億円のマイナス）なのは言うまでもない。

このように、休業要請対象に該当しない業種でも、甚大な影響を受けているところは山ほどある。東京商工リサーチの調査によれば、四月の売り上げが前年割れになった企業は実に八三・九％に達したという。そのほとんどは、新型コロナ絡みであると言ってよいだろう。

今見てきたように、給付対象業種の線引きは難しい。そして、影響を受けたすべての企業の損失を補償するなど不可能だ。「補償するのは当然」――言うのは簡単だし、今の状況においてはそう言う方が当然ウケはいい。しかし、そんな後先考えないウケ狙いのポピュリズム（大衆迎合主義）政治に、本当の未来はない。今はあっても、未来はない。

それに、こんな政治は国民そのものをダメにする。緊急事態延長に関することんな飲食店経営者の声を、テレビニュースが伝えていた。「緊急事態延長するならするでいいけど、まずお金くれないとね」。国はお金を出して当たり前――国が出せば出すほど、国にたかるこんな国民は間違いなく増えて行く。こういうことを簡単に口にする国民は、そもそも国が出すお金の源泉は国民の財布（税金）だということが頭の片隅にもない。そういう浅薄な声がニュースを通じて全国に拡散されるのは、私は恐ろしいことだと思う。

どんどん国民の金銭感覚はおかしくなって行くのではないだろうか。いや、もうすでにおかしくなっている。いくらでも出せる打ち出の小槌があるかのように、この国の財政・金融は突き進んでいる。

四月二七日、日銀は金融政策決定会合で国債購入の上限を撤廃した。新型コロナの経済対策としての国債増発に対し、それを引き受ける覚悟を示したのだ。黒田東彦総裁は会見で財政ファイナンスを否定したものの、「市場からは『日銀は財政ファイナンスに踏み込んだ』（アナリスト）との声が上がった」（ロイター二〇二〇年四月二七日付）。財政ファイナンスとは、中央銀行が政府の発行する国債を直接引き受けることで国の財政赤字を直接穴埋め・補填する措置であり、中央銀行が国家財政に資金を供給する（ファイナンスする）という意味である。当然政府の財政規律を失わせ、歴史的には悪性インフレを引き起こす結果となったため、禁じ手とされている。

皆さんもちょっと考えていただきたい。たとえば、国が給付する一律一〇万円、総額一二・八兆円の給付金。国と言ったって、安倍さんの財布から出すわけではない。本来は税金からのはずだが、ないから国が借金して配る。その借金のお金は日銀が出す。つまり、日銀が国民一人当たり一〇万円配っているのと同じなのだ。日銀ならいくらでもお金を刷れる。いくらでも出せる。だったら何も一〇万円とケチることなく、一〇〇万円配ったっていい。いや、一億円配ったっていい。そうしたら、日本国民、皆億万長者だ！

ここまでくると、もうお気付きであろう。こんなことをやったら、お金の価値が薄まる、円の価値がなくなるだけだ。本当に経済が活性化するわけでもないし、国民が豊かになるわけでもない。単なる安易な、一時の気慰みに過ぎないのだ（景気は「気」からであるから、一時の気慰みにまったく意味がないとは言わないが）。

「実体経済」という言葉がある。そして、金融は経済の血液とか潤滑油と言われる。逆に言えば、金融は経済の本体ではないのである。ところが今日、金融でいくらでも経済は解決できるというような話がさも当然のようにまかり通っている。しかし、それは明らかにフェイクである。

二〇年一月、米JPモルガン・チェースのジェイミー・ダイモン最高経営責任者はこのように語っている。「中央銀行が何でもしてくれると人々は思っているが、無理だ。インフレが起きたら大ごとになる」(日本経済新聞二〇二〇年五月二日付)。確かに今はインフレが起こる状況ではまったくない。だから日銀も、財政ファイナンスに踏み込んだ。それを問題視する声は、今皆無と言ってよい。

しかし、何事でもそうだが緩めるのは簡単だが締めるのは難しい。日銀はズルズルと泥沼の深みに入って行っているように見える。戻ることは至難だ。日本が大ごとのインフレに見舞われる日は、意外とそう遠くないかもしれない。

第五章　とんでもない時代の生き残り法

私たちが直面する二つの危機——恐慌と国家破産

私たちは「恐慌」と「国家破産」という二つの大きな危機に直面している。おそらく二〇二〇年から二一年にかけて「恐慌」が深刻化し、時間差を置いて二〇二五年から三五年にかけて「国家破産」時代を迎えることになるだろう。私たちは、この二つの危機に対応して行かなければならないのだ。

しかも厄介なことに、この恐慌と国家破産は危機、混乱という点では共通するものの、経済的にはまったく逆の現象をもたらす。恐慌はデフレを引き起こし、国家破産はインフレ（ハイパーインフレ）を引き起こす。

当然、それらの対策は正反対になる部分もあり、対策は簡単ではない。本章では、相反する二つの危機に対しどう対策を取るべきか解説したい。

パートⅠ　恐慌対策における最重要ポイント

①なるべく多くの現金を確保する

恐慌は基本的にデフレであり、モノの値段が下がるデフレ期にはモノよりお金の方が価値は高まる。恐慌ともなれば株や不動産の価格は大幅に下がる。だから、資産を株や不動産などのモノではなく、現金で持つことがデフレ時代に財産を守るための最大の鉄則になる。とにかく、なるべく多くの現金を持つことだ。

デフレ下では、個人にしろ企業にしろ現金が不足する。個人であれば、給料の減少などで所得が減り、生活が苦しくなる。企業であれば、売り上げが落ち込み、利益が減り、経営が苦しくなる。そのような時に、個人の所得や企業の利益を維持できれば問題ないし、そうなるよう努力をするべきなのは当然だ。

しかし、所得や利益の維持は決して簡単なことではない。景気が悪化している以上、どんなに頑張っても多くの個人や企業で所得や利益の減少は避けられない。ましてや今回のパンデミックでは、人々の外出や移動が制限され、経済活動そのものがほとんど止まってしまった業種も少なくない。顧客がモノやサービスを購入してくれなければ、その企業の売り上げはゼロである。

新型コロナウイルスのパンデミックは、努力でどうこうできる次元をはるかに超える困難を私たちにもたらした。

この未曽有の事態に、各国政府も財政支援に動いている。日本でも、休業や時短営業の要請に応じた事業所や店舗に対し、都道府県が最大で数十万～一〇〇万円の休業協力金を給付する取り組みを始めたし、国民に対する一律一〇万円の現金給付も決定した。売り上げが激減し、運転資金が逼迫する事業者や、収入が激減し生活費が足りなくなった人たちにとって、これらの支援は命綱になり得る。

しかし、この支援だけでは事業や生活を立て直すことは到底できないだろう。中小規模の事業所や店舗でも、家賃や人件費といった固定費が毎月数百万円かかるケースは少なくないし、一〇万円の現金給付にしても一人暮らしの場合、一ヵ月分の生活費にも足りないだろう。あくまでも当座の資金繰り支援の域を出ない。すると、やはり大切になるのは自助努力だ。あらかじめお金を貯めておくことが、今回のような有事を生き残るのに極めて重要になる。

上場企業では多額の内部留保がしばしば批判されるが、やはり売り上げや利益が大幅に減る危機の際には豊富な現金がモノを言う。手元資金が有利子負債を上回るキャッシュリッチ企業は、危機対応力が高い。企業の場合は、経営効率も重要な要素になるため、業種によっては必ずしも実質無借金が良いとは言えない。しかし、会社や店舗など事業を営む人は、今回のような瞬間的に需要が蒸発するような事態を常に想定して、現金確保に努めることは絶対に必要だ。

一方、個人の場合はぜひとも実質無借金を目指したい。家計は企業と異なり、(負債などをテコに)効率的に運営して収益を上げる場ではないからだ。後述するが、住宅ローンを抱えて債務超過状態にある人は要注意だ。すでに十分な貯蓄がある人なら問題ないが、そうでない人はとにかく貯蓄を殖やす必要がある。

恐慌により、収入が絶たれるリスクを考えると、最低でも一年間、できれば二年間以上の生活費を賄う貯蓄を準備しておくべきだ。標準的な四人家族なら最低でも五〇〇万円、できれば一〇〇〇万円以上ということだ。月の生活費が一五万円くらいで一人暮らしの独身者なら、最低でも一八〇万円、できれば三六〇万円以上ということになる。貯蓄がほとんどない家庭にとって、これほどまとまったお金を貯めるのは大変なことだ。

もちろん、すぐには貯まらない。だからこそ、直ちに家計のリストラに着手すべきだ。現在の支出のたとえば二五％をカットするなどして貯蓄に回そう。

多くの人が実感しているだろうが、お金というのはなかなか貯まらないものだ。あなたは「収入が少ないからお金が貯まらないのだ」と考えていないだろうか？　あるいは「収入から支出を差し引いて、余ったら貯蓄に回そう」と考えていないだろうか？　このような考え方をしている限り、なかなかお金は貯まらない。たいていの人は収入が増えても、その分、支出も増やしてしまうものだからだ。収入が増えた分、財布の紐が緩むのはいたって普通の心理だ。

このような心理に抗ってお金を貯めるにはどうすればよいか？　毎月の収入のうち貯金額を決め、収入から貯金を差し引いた残りでやりくりすればよい。貯金した分の収入は最初からないものとして家計を運営するのだ。

たとえば、月収が三〇万円あるならそのうちの一〇万円を強制的に貯蓄する。貯蓄するお金は「自分のお金」ではなく、「納税」とか「借金返済」などの強い義務感をイメージするとよいだろう。それでも、お金があるとつい使ってしまうという人は、毎月一定額を銀行口座から自動的に天引きする積立型の金融商品を利用するのも一考だ。

とにかく、何が何でも生活費の一年分、できれば二年分のお金をなるべく早く貯めることだ。それが、恐慌時に生き残れるかどうかの分かれ目になる。

②　なるべく借金はしない

デフレ時には現金の価値が高まるから、とにかく現金を持っている人が強い。恐慌ともなればなおさらだ。そのような時に借金を抱えるというのは大きなリスクになる。価値が高まった現金を他人から借りるのだから当然だ。収入が減ったとしても、借金の額は減らない。

たとえば、年収が五〇〇万円ある人が二〇〇〇万円の借金を抱え、毎月五万円を返済していたとしても、それほど大きな負担にはならないかもしれない。しかし、不況により失業し再就職したものの年収は二五〇万円に半減したとしたらどうだろう？　二〇〇〇万円の借金の負担はズシリと重みを増す。手取り月収が二〇万円にも満たない状況で五万円の返済負担は相当厳しいものがある。特に、高額の借金がある人は負担がより重くなる。デフレ時には極力借金をしないことだ。恐慌のような極度のデフレ時には、借金は命取りになりかねない。

個人にとって高額の借金といえば、住宅ローンだろう。高所得者や資産家でなければ、マイホームをキャッシュで買うことはできない。多くの人は、住宅ローンを組んでマイホームを手に入れる。昔ほどではないにしろ、「マイホームを買ってこそ一人前」という考えは今でも根強いものがあろう。住宅ローンを組んでマイホームを購入するのはいたって普通のことだし、ある意味で〝常識〟

とも言える。しかし、この世間の〝常識〟についてはよくよく慎重に考えた方がよい。恐慌下では身の丈を超えた借金はリスクを高めるだけだ。

　住宅ローンを組むと、家計はどうしても債務超過に陥りがちになる。この債務超過状態が大きなリスクになるのだ。モノやサービスが売れず、多くの企業で業績が大幅に落ち込む恐慌時には、給料などの収入が減る可能性が高い。最悪の場合は職を失い、収入が途絶える可能性だってある。ましてや、今回のコロナショックのように、多くの経済活動がストップすることで需要が瞬間的に蒸発するような状況では、時間的猶予がほとんどなく生活が立ち行かなくなる。

　そのような時に生活を立て直す手段として、マイホームの売却を考える人もいるだろう。マイホームを売ったお金で住宅ローンを返済し、賃貸に移って生活を立て直そうというわけだ。「一生に一度の買い物」ということで、背伸びをして高額な住宅ローンを組んで上等な物件を買う若い世代も少なくない。そのような人はたいてい「マイホームは資産だ。万が一の場合は、売却すればなんとかなる」という考え方をする。この考え方が命取りになる。一見、合理的に見えるこの考え方は恐慌時には通用しない。

恐慌とは深刻なデフレであり、モノの値段は下がるのだ。当然、不動産価格は全体としては下落する。地価が暴落した場合、所有するマイホームの価格がローンの残債を大幅に下回る可能性が高まる。マイホームを売却しても残債が解消されないわけだ。恐慌時には最悪の場合、失業により収入が途絶え、住宅ローンの返済ができず、マイホームを売却しても高額の借金が残る事態に陥りかねない。

いずれにしても、特に現金の価値が高まるデフレ時には借金の重みがぐっと増すことは覚えておきたい。やはりどんな時代であっても、収入や資産の範囲内で生活するのは基本だ。生活を破綻させないためにも、なるべく借金は避けるべきだ。マイホームの購入を検討している人は、ローンを組んでまで買うべきなのか慎重に考えたい。ましてや、マイカーなど耐久消費財をローンで買っているようではまったくお話にならない。

③投資を控え、過剰なリスクを取らない

物価が下落し、お金の価値が高まるデフレ時には、株や不動産などの資産価格も下落する。極度のデフレと言える恐慌時には暴落する可能性が極めて高い。当然、投資は控えるべきだ。コロナショックにより、世界は恐慌に足を踏み入れつつある。株も暴落した。コロナショック直前まで米国株を中心に株式相場は過熱しており、本来であれば、この暴落の前に株を売却しておくべきだった。

では、大きな含み損を抱えてしまった人はどうすべきか？　リスク許容の面で十分な余力のある人はしばらく持ち続ける選択肢もある。たとえば、金融資産が一〇億円くらいあり、株に一億円くらい投資しているようなケースだ。仮に一億円ほぼ全額を失うことになっても、まだ十分な資産が残る。このような人であれば、暴落した安値で保有株を売るのは得策ではない。

株式相場というのは、暴落局面でもほとんどの場合、相応の戻り（反発）がある。たとえば今回のコロナショックでも、ニューヨークダウは二〇二〇年二月の高値二万九〇〇〇ドルくらいから翌三月に一万九〇〇〇ドルくらいに暴落

した後、翌四月には二万四〇〇〇ドルまで戻している。俗に「半値戻し」と言い、株式相場ではよくある展開だ。株を処分するにしても、このようにある程度戻したタイミングで行なうようにしたい。

ただし、これはあくまでもリスク許容の面で十分な余力のある人向けの方法だ。そのような余力のない人、たとえば、保有資産のかなりの部分を株式が占めるような人は前述の方法を取ってはいけない。

確かに、暴落局面でのある程度の反発が期待できるのは事実であるが、相場に一〇〇%絶対というものは存在しない。十分な反発もなくさらに下落してしまうかもしれないし、十分な反発があったとしても、さらなる上昇を期待して様子を見ているうちに二番底に向けてさらに大きな暴落に巻き込まれてしまう可能性だってある。二度と立ち直れないほどの壊滅的な打撃を受ける恐れがあるのだ。余力の乏しい人は保有株を迅速に処分し、損失を確定すべきだ。

信用取引や先物取引、FX取引などで恐慌に乗じて儲けようと考える人もいるかもしれないが、これはやめた方がよい。これらの取引は「売り」から始めることができるから、理屈の上では恐慌時に大儲けすることは可能だ。しかし、これは理屈で言うほど簡単ではない。今回のコロナショックを見てもわかるが、暴落相場は価格が一方的に下落し続けるという単純なものではない。激しく乱高下するのが普通だ。読みを誤れば、「売り」から入っても大幅な急反発により大損する可能性もある。

とにかく恐慌時には投資を控え、現金を多く持つことが鉄則だ。この鉄則を踏まえ、資金に余裕のある人は、相場の大底を探りながら、安値になった現物株を少しずつ買って行くのはよいだろう。その時に必要になるのも現金。やはり、恐慌時は「キャッシュ・イズ・キング」なのである。

パートⅡ　国家破産対策における最重要ポイント

①資産を外貨建てに替え、海外に保有する

恐慌は多くの人々に困難な状況をもたらすが、国家破産はその比ではない。

国家財政が破綻すると、多くの人々の生活を完膚なきまでに破壊する。現在はコロナショックにより、わが国を含め世界は恐慌に突入しつつあり、個人レベルでも恐慌対策が急務であるが、同時に、おそらくその何倍も恐ろしい国家破産への対策も今から準備しておく必要がある。

国家が破産すると、その政府および中央銀行の信用が失われ、それらが発行するペーパー資産の価値が暴落する。日本の場合なら、政府が発行する日本国債と日銀が発行する日本銀行券だ。つまり、日本が破産すると日本国債と日本円が暴落することになる。

その結果、金利が上昇しインフレが進行する。特に、〝ハイパーインフレ〟と呼ばれるような極度のインフレが起きた場合、ほとんどの国民に大打撃を与える。ハイパーインフレはデフレよりもたちが悪い。物価が上昇すれば、給料も年金支給額も増加する可能性はあるが、物価上昇にはまず追い付かないと考えるべきだ。ハイパーインフレで物価が一年間で二倍、つまり一〇〇％上昇しても給料や年金は九〇％の増加に留まるといった状況が考えられる。両者の差の分だけ購買力が落ち、生活水準が低下する。一〇％の目減りならなんとかなると思われるかもしれない。しかし、これが何年も続いたら恐ろしいことになる。三年後には、物価は八倍に上昇するが、給料や年金は六・八五九倍にしかならない。五年後だと物価は三二倍、給料や年金は二四・七六倍だ。一〇年後には、物価は一〇二四倍に上昇するが、給料や年金は六一三・一倍にしかならないのだ。一年間ならわずか一〇％の違いでも、それが長期におよぶと信じがたいほどの差になる。これが、ハイパーインフレの恐ろしさだ。

ハイパーインフレは極度な物価高であるが、別の言い方をすれば極度の通貨価値の下落である。つまり、日本におけるハイパーインフレは日本円の暴落を意味する。その点で、対策は極めてシンプルだ。円以外の通貨、つまり外貨建てで資産を保有すればよい。

たとえば、一本一〇〇円で売られている缶コーヒーがハイパーインフレにより一〇倍の一〇〇〇円になったとする。以前なら一〇〇〇円あれば缶コーヒーが一〇本買えたのに、一本しか買えなくなる。円の価値が、一〇分の一に目減りしたわけだ。この時に米ドルを持っていたらどうだろう。為替レートが一ドル＝一〇〇円だったとすると、缶コーヒーは一ドルで買うことができる。その後、ハイパーインフレで円の価値が一〇分の一になった結果、為替レートが一ドル＝一〇〇〇円の円安になったとしても、やはり缶コーヒーを一ドルで買うことができる。もちろん、為替は様々な要因で動くから、物価の上昇分がそっくりそのまま円安になるわけではないが、米ドルの価値が保たれる限り、ある程度連動することは間違いない。だから、国家破産対策の基本は〝資産を外貨建てで保有する〟ことにあるのだ。

ハイパーインフレ対策としては、外貨建て資産であれば何でもよい。ただし、本当に有効な国家破産対策を考えた場合、資産を外貨建てにするだけでは不十分だ。国家破産に陥った国ではしばしば預金封鎖が行なわれる。文字通り、預金が自由に引き出せなくなり、それに財産税がかけられたり、封鎖されている間にハイパーインフレが進行することで通貨価値が失われる。国家による実質的な国民資産収奪で、徳政令に近いものだ。

このようなリスクを回避するには、資産を海外で保有するのが有効になる。つまり、国家破産から資産を守るには、外貨建て資産を海外で保有することがポイントになるのだ。具体的には、たとえば海外ファンドを購入したり、海外銀行に口座を開き預金をするなどの方法がある。

②海外に銀行口座を開く

海外現地の銀行口座に預金すれば、お金自体が海外にあるので日本のカントリーリスクを回避できていると言える。預金封鎖などの日本国内の混乱に対しては、非常に安全性が高い。

また、海外に銀行口座を持つことによって、危機回避のための選択肢が増える。たとえば、日本で預金封鎖が行なわれた場合、海外への送金ができなくなる可能性が高い。海外ファンドなど海外の資産を購入しようにも、送金できなければ諦めるしかない。そのような時も、海外口座にあらかじめ資金を入れておけば、日本にいながら送金指示ができるから、海外資産の購入が可能だ。

海外資産の売却をする際にも、海外口座は有効だ。海外ファンドなどの海外資産を売却した場合、その資金は日本の銀行口座に送金してもらうことができる。平時はそれで問題ないのだが、その時に日本が国家破産による混乱の最中にあり預金封鎖が行なわれていたなら、わざわざ危険な日本の銀行口座への送金を望む人はいないだろう。そのような時も、海外口座があれば資金を海外口座に送金してもらうことができる。そのため、海外口座はなるべく開設しておく方がよい。

しかし、多くの日本人にとって海外口座の利用はなじみがないものだ。口座開設に伴う条件などもありハードルは決して低くはない。現在、先進国のほとんどの銀行では、日本国内から口座開設はできず必ず自ら現地に行かなければならない。非居住者の口座開設が認められていなかったり、高額の最低預け入れ額が求められる銀行もある。おそらく多くの日本人にとってもっとも高いハードルは語学力だろう。あなたが英語がペラペラで、基本的な金融用語も理解しているなら問題ない。しかし、そうでない場合は日本語の対応がなければ

パートⅠ　恐慌対策における最重要ポイント

① なるべく多くの現金を確保する

② なるべく借金はしない

③ 投資を控え、過剰なリスクを取らない

パートⅡ　国家破産対策における最重要ポイント

① 資産を外貨建てに替え、海外に保有する

② 海外に銀行口座を開く

口座開設は難しい。

そして、何よりも重要なのはその銀行、その国が安全かどうかである。破綻するような国や銀行に預けても意味がない。海外に口座を作るということは、日本のカントリーリスクから逃れる代わりに、現地のカントリーリスクを取ることにもなるのだ。海外だから絶対に安全、という単純なものではない。

このような条件を満たす海外銀行はそう多くない。私がお勧めするのがニュージーランド、シンガポール、ハワイにある銀行だ。これらの国にある一部の銀行では、現地に行けば比較的簡単に口座を開くことができる。もちろん日本語の対応がある銀行だ。

ただし、海外口座は安易に作るべきではない。日本と外国では文化や考え方が異なり、国や銀行によっては日本では考えられないような独自のルールがあったりする。また、そのルールが変更されることもある。そのようなルールを理解し、適宜適切な対応を取らないと預金を引き出せなくなる場合もある。その辺りを自分で徹底的に調べる自信と覚悟があればよいが、難しければ信頼できる専門家やアドバイザーの力を借りるのが安心だ。

パートⅢ　恐慌および国家破産をいかに生き抜くか

恐慌対策および国家破産対策における最重要ポイントをお伝えしたが、これを踏まえ、この厳しい時代をいかに生き抜くか幅広く解説しよう。

①現金の割合を増やし、流動性を維持する

恐慌時には特に現金（日本円）がモノを言う。平時であれば、預金で問題ないが、混乱時には預金も安全とは言い切れない。危機が深刻化するほど、流動性を高めるべきだ。すでに恐慌に片足を突っ込んでいる現時点では、定期預金は解約し、普通預金にしておく方がよい。普通預金ならいつでも出し入れができる。ただし、本当の混乱時にはそれすらも怪しくなる。全預金の三分の一は、引き出して手元に置いておく方がよい。その際、保管にはくれぐれも注意する。

また、国家破産時にも備え、現金の一部は外貨（米ドル）で保有しておくことも必要だ。

②とにかく分散を心掛ける

資産を守るのにもっとも重要なのが〝資産の分散〟だ。リーマン・ショックにしても、今回のコロナショックにしてもそうだが、株が大暴落するような局面では、ありとあらゆる資産が投げ売りされ、分散投資の効果がほとんどなくなる。「投資したもの全部損失だ。結局、分散投資の効果などないではないか。投資は怖い」と思った人も少なくないだろう。しかし、それはパニック時の一時的なものだ。パニックが落ち着けば、やがて分散効果は発揮されるものだ。

投資を怖がって、全資産を円の現預金にしたらどうなるか？　平時なら問題ない。株が暴落しても、円高が進んでも資産が傷むことはない。しかし、国家破産時にはハイパーインフレにより最悪の場合、全資産がほとんど紙キレと化す。一般的に「安全」と考えられるものであっても、集中投資は危険なのだ。

分散投資について特に重要なのが、通貨分散だ。日本円は恐慌時には比較的強いと考えられるが、国家破産時には滅法弱い。だから、日本円だけではダメで、円建て資産と外貨建て資産（特に米ドル）をバランス良く持つのが何よりも大切になる。

③金（ゴールド）とダイヤモンドは必ず保有する

金融危機をはじめ、社会の混乱時には実物資産が強みを増す。通貨（紙幣）、株券、債券などのペーパー資産は本質的には単なる紙（あるいは株券のように電子化されているものなら単なるデータ上の金額）に過ぎない。発行体の信用が失われれば、紙キレ同然になり得る。その点、金《きん》（ゴールド）やダイヤモンドなどの実物資産であれば、無価値になることはまずあり得ない。

ペーパー資産のリスクヘッジとして、金《きん》とダイヤモンドは必ず保有するべきだ。全資産の一〇〜二〇%は金《きん》とダイヤモンドで保有すべきだ。金《きん》とダイヤモンドの保有比率は二対一（金《きん》が二、ダイヤモンドが一）がよいだろう。

平時の資産保全であれば金《きん》だけで十分なのだが、今後予想される社会の混乱を踏まえると、ダイヤモンドも必須だ。金《きん》に比べ、ダイヤモンドは政府をはじめ当局に保有状況を把握されにくいというメリットがある。また、重量が軽く、高額の財産でも容易に持ち運べるのもメリットだ。戦争や巨大災害も含め、有事の際にまとまった財産を手元に持って移動するにはダイヤモンドは非常に有効なのだ（ダイヤモンドを有利な価格で購入する方法をお知りになりたい方は巻末の「ダイヤモンド投資情報センター」の情報をご覧いただきたい）。

④貴重品の保管場所に注意する

恐慌や国家破産時には、治安は相当悪化すると覚悟すべきである。防犯対策が極めて重要になる。防犯カメラを含め、自宅にセキュリティ・システムを導入するのが望ましい。

また、貴重品を保管する「金庫」についても注意が必要だ。多くの家庭にある耐火金庫はむしろ危険だ。耐火金庫はバールなどの工具を使えば、比較的簡単に破壊されてしまう。そのため、耐破壊性に優れた防盗金庫にするべきだ。持ち去りを防ぐため、重量は七五〇キログラム以上のものがよい。さらに金庫の内側からボルトで床に固定しておくと安心だ。それでも、一つの金庫だけに財産を集中させてはいけない。万が一、強盗に入られ拳銃を突き付けられたら、金庫を開けざるを得ない。財産の保管場所もやはり分散することが大切だ。

⑤なるべく借金はしない

すでに述べたが、現金の価値が高まるデフレ時には借金は極力避けるべきだ。では、インフレ時の借金はどうだろうか？「現金の価値が下がるインフレ時は借金が有利」とよく言われるが、必ずしもそうではない。通常、インフレ時には金利が上がるため、利払い負担が増えてしまうのだ。それを避けるためにも、住宅ローンなど額の大きな借金については固定金利にしておくのが無難だ。

それでも、国家破産して金利が極端に上昇するような混乱時に、固定された低金利を銀行が続けられる保証はない。債務超過状態には、どうしてもリスクが付きまとう。やはり、どんな時代であっても収入や資産の範囲内で生活するのが基本であり、借金はなるべく避けるべきものである。

⑥情報を必死に収集する

恐慌や国家破産といった混乱時には情報の重要度が増す。地震などの災害時もそうだが、世の中が混乱するとデマ情報も飛び交う。「正確な情報」「本物の情報」を必死に集めることだ。新聞やテレビ、インターネットなどを通じて情報や知識を得ることも大切だが、恐慌や国家破産を生き残るにはもう一歩踏み込んで情報に投資したい。コストをかけても本物の情報を入手する姿勢の有無が生死を分ける可能性がある。今、まさにあなたが読んでいる本書のような書籍を読むのも有効だ。

私は長年、経済ジャーナリストとして恐慌や国家破産について取材・研究してきた。そして書籍や各種レポート、講演会などでそれらの危機への対策についてお伝えしている。また、資産運用・資産保全を目的とする会員制クラブもいくつか主宰している。これらの私が発信する情報もぜひご活用いただきたい。情報こそすべてである。

⑦健康こそ最大の財産

あなたにとって、もっとも大切なものは何か？　それは言うまでもなく、あなたやあなたの家族の命であろう。そして、生命を維持するのに欠かせないのが健康だ。つまり、健康こそが私たちが生きて行く上でもっとも大切なものといえる。健康であれば何でもできる。どんなに厳しい状況であっても、とりあえず生きて行くことができる。

逆にどんなにお金を持っていようが、健康を失ったら終わりだ。自分なりの健康法を持つなりして、健康にだけはくれぐれも注意していただきたい。

⑧食糧を備蓄する

これは恐慌や国家破産に限らないが、社会が混乱すると食糧が思うように手に入らなくなるリスクが高まる。今回の新型コロナ・パンデミックでも、多くの国でスーパーの棚からパスタや米などの食糧がなくなった。日本は世界有数の地震国で災害も多いから、日頃から食糧備蓄は心掛けたい。ただでさえ、わが国は食糧自給率が低い。世界的な不作など、状況によっては海外から食糧を輸入できなくなる事態も考えられる。

実は今回のパンデミックの影響で、ロシア、ウクライナ、ベトナム、タイ、エジプトなど多くの国が様々な食糧の輸出規制を実施している。新型コロナの影響で買い置きなどの食糧需要が高まり、生産国が国内の安定供給を優先するため輸出規制に動いているのだ。

そして現在、意外なものが食糧危機をもたらす脅威になりつつある。バッタである。アフリカで「サバクトビバッタ」というバッタが大量発生し、長距離を移動しながら穀物を食い荒らしているのだ。

バッタの大群は東アフリカからパキスタン、インドの穀倉地帯を襲い、小麦などを食い荒らしている。ＦＡＯ（国連食糧農業機関）の試算によると、一平方キロメートルあたりのバッタの集団は一日で、人間三万五〇〇〇人分に匹敵する食糧を食べ尽くすという。バッタの大量発生は地球温暖化が影響しているとの研究もあり、今後、大規模発生が頻発した場合、世界の食糧生産は大打撃を受ける。そうなると、食糧価格の高騰は避けられないし、最悪の場合、食糧自体が手に入らなくなる可能性すらある。

このように、食糧危機を引き起こしかねない要因は少なくない。普段から、食糧は備蓄しておくべきだ。

パートⅣ　恐慌および国家破産を逆手に取って資産を殖やす

恐慌や国家破産といった大混乱時には何よりも生き残ることを目指すべきだ。大切な資産についても、「殖やす」よりも「なるべく減らさない」ことに主眼を置くことだ。それでも、守り一辺倒で資産を分散させると、株が暴落するような経済危機の際には少なからず資産は減るのが普通だ。それでよい。多少、資産が減ろうが、生き残ることさえできれば資産を殖やすチャンスは必ず訪れる。
しかし、実は資産に余裕がある人にとっては、このような大混乱時は資産を劇的に殖やすための大きなチャンスでもある。危機を逆手に取って、資産を大きく殖やすための方法を二つお伝えしよう。

①危機に強い海外ファンドを保有する

海外ファンドとは、海外で運用される外国籍のファンドだ。投資する際は海外から直接購入する。投資したお金はもちろん、購入や解約などの手続きの窓口も海外にあるため、日本のカントリーリスクは回避できる。そのため、預金封鎖など、日本の有事に対する安全性は非常に高い。海外ファンドは国家破産対策にうってつけなのだ。

海外ファンドは実に多様な戦略で運用される。そして、その中には株が暴落するような恐慌時に大きな収益を上げることができるものも存在する。その代表的な戦略が「マネージド・フューチャーズ（ＭＦ）戦略」である。多くのＭ

Fは、株式、債券、通貨、商品など世界の多くの先物市場に分散投資をしている。先物市場では売り建てができるので、たとえば株が暴落する局面でも利益を上げることができる。「トレンドフォロー」という手法により相場の流れ（トレンド）を追いかける。相場が上昇していればひたすら買い進め、下落していれば売り進めて行く。上昇、下落のどちらでもトレンドがはっきり出るほど儲かる。言い換えれば、暴落すればするほど（あるいは暴騰すればするほど）儲かるのである。

実際、リーマン・ショックのあった二〇〇八年には、多くのMF戦略ファンドが軒並み大きな収益を上げている。私は二〇年以上前からMFに注目し、主宰する会員制クラブでMF戦略で運用されるファンドを情報提供してきた。最近では、「T-ミニ」というMF戦略ファンドを情報提供している。「Tファンド」という世界的に有名なMF戦略ファンドがあるが、それを小型化し、価格変動幅も抑えて新たに登場したのが「T-ミニ」だ。

「T-ミニ」は一万米ドル相当額（約一〇七万円）と比較的少額から投資可能

で、月二回売買することができる。米ドル以外にもユーロ、日本円、豪ドルなど通貨建ての選択肢が多いのも魅力だ。基になっている「Tファンド」は、リーマン・ショックのあった二〇〇八年には五〇％以上のリターンを叩き出しており、「T－ミニ」も恐慌時に収益を上げる期待が持てる。

②究極の投資方法「オプション取引」を利用する

ご存じない方が多いと思うが、ごく短期間のうちにとてつもない利益を上げることができる金融商品が存在する。それこそ「オプション取引」だ。オプション取引をうまく使えば、多くの人が資産を失う恐慌や国家破産時に資産を大きく殖やすことも可能だ。日本では、日経平均株価を対象とするオプション取引が活発に行なわれている。

先物と同様、オプションにも「買い建て」と「売り建て」がある。ただし、オプションの場合、買い建てについては損失が限定される。先物取引や信用取引のように追証（追加証拠金）が発生して投資額を上回る損失を被ることはな

パートⅢ　恐慌および国家破産をいかに生き抜くか

①現金の割合を増やし、流動性を維持する

②とにかく分散を心掛ける

③金とダイヤは必ず保有する

④貴重品の保管場所に注意する

⑤なるべく借金はしない

⑥情報を必死に収集する

⑦健康こそ最大の財産

⑧食料を備蓄する

パートⅣ　恐慌および国家破産を逆手に取って資産を殖やす

①危機に強い海外ファンドを保有する

②究極の投資方法「オプション取引」を利用する

い。一方、利益については限定されない。予想が当たり、タイミングをうまくとらえれば、投資額の数十倍から数百倍という利益が得られるのだ。

今回のコロナショックによる株の暴落でも、価格が数百倍になったオプションが実際に存在する。仮に一万円投資していたら数百万円に、一〇万円投資していたら数千万円になるということだ。しかも、読みが外れても損失はそれぞれ投資した一万円あるいは一〇万円に限定される。株式などの現物投資ではほぼあり得ないほどの大きな収益期待が魅力のオプション取引だが、一方で損失を被る確率も高い取引のため、取り組むには十分な注意を要する。

ただし、正しい知識を身に付け、少しずつ経験を積むことでリスクをうまくコントロールすれば、今後も予想される株の暴落局面で大きな利益をつかむことは決して不可能ではない。

日本が恐慌から国家破産へと突き進む中、株の大暴落が避けられないと予測した私は、このピンチをチャンスに変えるべく二年ほど前に「オプション研究会」という会員制組織を立ち上げた。まったくの初心者でも基本から懇切丁寧に指導し、推奨するオプション銘柄や売買タイミングについて情報発信を行なっている。専門家による情報や助言を活用することで、オプション取引で収益を上げる可能性を高めることができるだろう。

「何が何でも生き残る」という強い意志を持つ

本章の最後に、もっとも大切なことをお伝えしたい。それは、「私は絶対に生き残るんだ」という強い意志だ。これから訪れるであろう厳しい時代には、皆さんの想像以上に大変なことが起こると思う。投資の失敗で財産を失う人。失業して収入がなくなる人、借金で生活が立ち行かなくなる人……多くの人が様々な困難に直面することになるだろう。

それでも絶望する必要はない。生きてさえいれば、いずれ流れは変わる。必ず立ち直るチャンスは訪れる。皆さんには今から厳しさを覚悟した上で、「絶対に生き残るんだ」という強い意志を持ってこの難局を乗り越えていただきたい。

エピローグ

過去という〝原因〟があって〝結果〟としての現在と未来

いずれにせよ、「とんでもない時代」になったものである。全世界のほとんどの航空機が止まり、国境が封鎖され、ニューヨークやパリのレストランすべてが休業させられたのだ。二〇一九年秋の株がどんどん上がっている景気のよい頃にそんな話をしたら、誰もが「この人は頭がオカシイ」というくらいのコトが現実に起きているのだ。まるでSF映画の中のワンシーンのようなものだ。

しかし、コロナはあくまでもキッカケに過ぎない。この世の中は、すべて原因があって結果がある。コロナが世界的に広がる前に地球のあちこちには低金利下における〝借金〟の拡散という〝経済ウイルス〟が広まっていたのだ。それが、経済被害を大きくしつつある最大の理由なのだ。その点を忘れてはいけない。

そして次は、お決まりの国家による救済と借金の増大だ。救済は致し方ないことだが、その結果として将来国が破産してその国の通貨が暴落し、ハイパーインフレと預金封鎖が行なわれるのでは何の意味もない。結局、破局が先延ばしされただけで、もっとひどい形で国民の資産が失われるのだ。

先ほども言った通り、すべての物事には原因と結果があり、先延ばしはできても時間差をおいて必ずすさまじい結果がやってくる。今世界で起きていることを眺めて見ると、世の中は前代未聞の状況に陥っており、これからはあり得ないようなことが何でも起きるだろう。まさに「とんでもない時代」なのだ。

したがって、私たちが生き残るためには今までのような生ぬるいやり方ではダメだ。覚悟を伴う思い切ったサバイバルの方法を身に付けよう。

どうしても自分一人では不安だし、周囲になかなかそのことを理解してくれる人がいないという場合は、私ども第二海援隊グループに各種会員制組織があり、様々な悩みや相談に応じているので利用していただきたい。

最後になったが、本当に不安と気苦労の多い〝大変な時代〟になったものだ。

しかし、用心深くサバイバルの方策を実行した者には幸運の女神が必ずや微笑みかけることだろう。今後、参考になる情報を満載した本を多く発刊するので是非生き残りのために利用していただきたい。
それでは、皆さんの幸運を祈ってペンを置きたい。

二〇二〇年五月吉日

浅井　隆

■今後、『大不況生き残りマニュアル』『巨大インフレと国家破産』『ワイフ・ロボット』『「恐慌」経由「新型コロナ国家破産」』（すべて仮題）を順次出版予定です。ご期待下さい。

浅井隆からの重要なお知らせ

――恐慌および国家破産を勝ち残るための具体的ノウハウ

厳しい時代を賢く生き残るために必要な情報収集手段

日本国政府の借金は、先進国中最悪でGDP比二四〇%に達し、太平洋戦争終戦時を超えていつ破産してもおかしくない状況です。国家破産へのタイムリミットが刻一刻と迫りつつある中、ご自身とご家族の老後を守るためには二つの情報収集が欠かせません。

一つは「国内外の経済情勢」に関する情報収集、もう一つは「海外ファンド」や「海外の銀行口座」に関する情報収集です。これらについては、新聞やテレビなどのメディアやインターネットでの情報収集だけでは十分とは言えません。

私はかつて新聞社に勤務し、以前はテレビに出演をしたこともありますが、その経験から言えることは「新聞は参考情報。テレビはあくまでショー（エンターテインメント）」だということです。インターネットも含め誰もが簡単に入手できる情報でこれからの激動の時代を生き残って行くことはできません。

皆さんにとって、もっとも大切なこの二つの情報収集には、第二海援隊グループ（代表：浅井隆）が提供する特殊な情報と具体的なノウハウをぜひご活用下さい。

◆〝恐慌および国家破産対策〟の入口「経済トレンドレポート」

皆さんに特にお勧めしたいのが、浅井隆が取材した特殊な情報や、浅井が信頼する人脈から得た秀逸な情報をいち早くお届けする「経済トレンドレポート」です。今まで、数多くの経済予測を的中させてきました。

そうした特別な経済情報を年三三回（一〇日に一回）発行のレポートでお届けします。初心者や経済情報に慣れていない方にも読みやすい内容で、新聞やインターネットに先立つ情報や、大手マスコミとは異なる切り口からまとめた情報を掲載しています。

さらにその中で恐慌、国家破産に関する『特別緊急警告』『恐慌警報』も流しております。「激動の二一世紀を生き残るために対策をしなければならないことは理解したが、何から手を付ければよいかわからない」「経済情報をタイムリーに得たいが、難しい内容にはついて行けない」という方は、まずこの経済トレンドレポートの会員になられますと、講演会など様々な割引・特典を受けられます。詳しいお問い合わせ先は、㈱第二海援隊まで。

恐慌・国家破産への実践的な対策を伝授する会員制クラブ

国家破産対策を本格的に実践したい方にぜひお勧めしたいのが、第二海援隊の一〇〇%子会社「株式会社日本インベストメント・リサーチ」（関東財務局長（金商）第九二六号）が運営する三つの会員制クラブ（「自分年金クラブ」「ロイヤル資産クラブ」「プラチナクラブ」）です。

まず、この三つのクラブについて簡単にご紹介しましょう。「自分年金クラブ」は、資産一〇〇〇万〜数千万円程度の方向け、資産一〇〇〇万円未満の方向け、そして最高峰の「プラチナクラブ」は資産一億円以上の方向け（ご入会条件は資産五〇〇〇万円以上）で、それぞれの資産規模に応じた魅力的な海外ファンドの銘柄情報や、国内外の金融機関の活用法に関する情報を提供しています。

恐慌・国家破産は、なんと言っても海外ファンドや海外口座といった「海外の活用」が極めて有効な対策となります。特に海外ファンドについては、私たちは早くからその有効性に注目し、二〇年以上にわたって世界中の銘柄を調査してまいりました。本物の実力を持つ海外ファンドの中には、恐慌や国家破産といった有事に実力を発揮するのみならず、平時には資産運用としても魅力的なパフォーマンスを示すものがあります。こうした情報を厳選してお届けするのが、三つの会員制クラブの最大の特長です。

その一例をご紹介しましょう。三クラブ共通で情報提供する「ATファンド」は、先進国が軒並みゼロ金利というこのご時世にあって、年率六〜七%の収益を安定的に挙げています。これは、たとえば三〇〇万円を預けると毎年約二〇万円の収益を複利で得られ、およそ一〇年で資産が二倍になる計算となります。しかもこのファンドは、二〇一四年の運用開始から一度もマイナスを計上したことがないという、極めて優秀な運用実績を残しています。日本国内の投資信託などではとても信じられない数字ですが、世界中を見渡せばこうした優れた銘柄はまだまだあるのです。

冒頭にご紹介した三つのクラブでは、「ATファンド」をはじめとしてより高い収益力が期待できる銘柄や、恐慌などの有事により強い力を期待できる銘柄など、様々な魅力を持ったファンド情報をお届けしています。なお、資産規模が大きいクラブほど、取扱銘柄数も多くなっております。

また、ファンドだけでなく金融機関選びも極めて重要です。単に有事にも耐え得る高い信頼性というだけでなく、各種手数料の優遇や有利な金利が設定されている、日本にいながらにして海外の市場と取引ができるなど、金融機関も様々な特長を持っています。こうした中から、各クラブでは資産規模に適した、魅力的な条件を持つ国内外の金融機関に関する情報を提供し、またその活用方法についてもアドバイスしています。

その他、国内外の金融ルールや国内税制などに関する情報など資産防衛に有用な様々な情報を発信、会員様の資産に関するご相談にもお応えしております。浅井隆が長年研究・実践してきた国家破産対策のノウハウを、ぜひあなたの大切な資産防衛にお役立て下さい。

詳しいお問い合わせは「㈱日本インベストメント・リサーチ」まで。

TEL：〇三（三二九一）七二九一　FAX：〇三（三二九一）七二九二
Eメール：info@nihoninvest.co.jp

◆「オプション研究会」好評始動中!!

リーマン・ショックから一〇年あまり。市場はすさまじい恐慌相場による教訓を忘れ、一部ではあふれかえる金融緩和マネーの流入によってバブル経済を引き起こしつつあります。世界経済は次なる暴落局面に向けて着々とエネルギーを蓄えているかのようです。しかし、こうした相場大変動の局面は「オプション投資」にとっては千載一遇の大チャンスにもなり得ます。

このチャンスをしっかりとモノにできれば、サラリーマンは資産家に、そして小金持ちは大富豪になることすら夢ではありません。ただ、この好機をつかむためには、オプション取引の基本を理解し、暴落相場における収益シミュレーションを入念に行なって、いざコトがはじまった時にすぐさま対応できるよう準備を整えることが何より重要です。またこうした準備は、なるべく早いうちに行なうことが成功のカギとなります。

そこで今回、浅井隆自らがオプション投資の魅力と活用のコツ、そしてそれを実践するための基本から、暴落時の投資シナリオに至るまでの必要な知識と実践法を伝授し、そしてイザ大変動が到来した際は、投資タイミングに関する情報も発信する新たな会員制クラブ「オプション研究会」を二〇一八年一〇月一日に発足しました。募集早々からお問い合わせが殺到し、第一次募集の定員一〇〇名と、追加枠の一〇〇名の合計二〇〇名についても満員となりました。その後しばらくはキャンセル待ちとなっておりましたが、現在は若干数のお席が用意できる状態となっております。ただ、こちらも応募の殺到が予想されますので、お早めのお申し込みをお奨めします。

ここで「オプション取引」についてご存じない方のために、ごく簡単にその魅力の一端をご紹介します。

まず、投資対象は大阪取引所に上場されている「日経平均オプション」という金融商品で、ある将来時点での日経平均株価を、あらかじめ決まった価格で

「買う」または「売る」ことのできる権利を売買する取引になります。投資に少し明るい方や投資本などからは「リスクが高く難しいプロ向けの投資法」という指摘がありますが、これは「オプション取引」の一側面を説明しているに過ぎません。実は基本的な仕組みとリスクの高いポイントを正しく理解すれば、リスクを限定しつつ、少額から投資して資金を数十～数百倍にもすることが可能となる、極めて魅力的な投資法となるのです。

オプション取引の主なポイントは以下の通りです。

①取引を権利の「買い建て」に限定すれば、損失は投資した額に限定され、追証が発生しない（つまり損失は限定）

②数千もの銘柄がある株式投資と異なり、日経平均の「買う権利」（コール）を買うか「売る権利」（プット）を買うかなので、ある意味単純明快

③日本の株価がいつ大きく動くのか、タイミングを当てることが成否の最大のポイント

④給与や年金とは分離して課税される（税率約二〇％）

⑤二〇二〇年に入って株式相場は激動期に突入しつつあり、これからオプション取引は人生最大のチャンスになる！

「オプション研究会」では、オプション投資はおろか株式投資の経験もないという方でも、チャンス到来の時にはしっかりと取引を行なって収益機会を活用できることを目指し、懇切丁寧に指導いたします。もちろん、オプション取引は「誰でも簡単に投資し、利益を得られる」というものではありませんが、「一生に一度」にもなるかもしれない好機をぜひ活かしたいという意欲があれば、必ずやこのクラブを通じてオプション投資の基本を習得し、そして実践できるだけの力を身に付けていただけると自負いたします。また、大きな収益期待がある投資方法は、それに伴うリスクにも十分に注意が必要となりますが、その点についてもクラブにて手厚く指導いたしますのでご安心下さい。

ご関心がおありの方は、ぜひこのチャンスを逃さずにお問い合わせ下さい。

「㈱日本インベストメント・リサーチ オプション研究会」担当 山内・稲垣・関
TEL：〇三（三二九一）七二九一　FAX：〇三（三二九一）七二九二

Eメール：info@nihoninvest.co.jp

一度参加すると、新しい世界が拓けます

◆オプション・デイトレ集中セミナー

「五章の後半に出てくる日経平均オプションって面白そうだなぁ」と興味を持った方の中には、ご自身で調べてみたものの「でも実際のところ、何から始めたらいいの？」といきなりつまずいた方も多いかと存じます。なにしろ、オプション取引は独学しようにも他の投資法に比べて書籍などの情報が少なく、また内容も簡単なものから難解なものまで様々です。また、オプション取引を使ったデイトレード（デイトレ）という、やり方次第ではとても面白い方法もあるのですが、実はデイトレについても、いろいろな手法があり過ぎる一方、詳しい解説が少ないものも多く何からどう手を付けてよいか迷ってしまいます。知っておくべきことや準備が必要なことが多いにも関わらず、習得に役立つ情

報がなかなか見当たらないといった側面が「オプション取引」そして「デイトレ」にはあり、そのためイザ取り掛かろうしても何をしてよいか迷ってしまうわけです。

そこで、本書を手に取り「自分も日経平均オプションに挑戦してみるか！」とお考えの方に、「オプション取引」と「デイトレ」を実践するにあたって必要な知識・道具・考え方（心得）を短期間で網羅するための特別な勉強会「オプション・デイトレ集中セミナー」（全三回）を今秋開催いたします。

◆オプション・デイトレ集中セミナー（全三回）日程

第一回　二〇二〇年一〇月一日（木）

第二回　二〇二〇年一一月二日（月）

第三回　二〇二〇年一二月一一日（金）

　各日とも一一時〜一六時（途中一時間休憩あり）

参加費　二〇万円（全三回 部分参加は原則不可）

※二〇二〇年五月、六月、七月に予定しておりました集中セミナーは、新型

コロナウイルス感染拡大を受けて右記日程に延期といたしました。

また、セミナーに先立ってまず「日経平均オプション」についてお知りになりたい方は、『10万円を10年で10億円にする方法』（第二海援隊）にてわかりやすく概要を紹介していますのでご一読下さい。また、オプション取引を使ったデイトレードの魅力については『デイトレ・ポンちゃん』（第二海援隊）で紹介していますので合わせてご参考にして下さい。

これからの時代、老後資金は年金をお上からもらうことを待っているだけではなく、自身でも工夫をして生み出して行くことが必須となります。「オプション」「デイトレ」といった方法もそのための選択肢の一つとして大いに活用を検討したいところです。本セミナーをご活用いただき、ぜひ有効な情報をご入手下さい。

◆オプション・デイトレ集中セミナー説明CD 発売

「オプション・デイトレ集中セミナー」に興味はあるものの、今少しセミナーの概要について詳しく知りたい方向けに「オプション・デイトレ集中セミナー説明ＣＤ」（三〇〇〇円〈実費 送料込〉）を発売いたします。全三回で開催する「オプション・デイトレ集中セミナー」でどのような内容に触れるのか、またオプション・デイトレの習得を加速させるためにどう役立つのかをわかりやすく解説して行きます。

ＣＤでは、「オプション・デイトレ」の他にも、「オプション取引」の習熟を全面支援し、また取引に参考となる市況情報なども発信する「オプション研究会」についても解説いたします。また、日本の財政危機に備える資産防衛法を助言する「ロイヤル資産クラブ」「自分年金クラブ」についても説明しています。

日本が抱える借金の規模は、太平洋戦争の末期を超えようとしています。年金や医療などの社会保障制度の崩壊に際し、自分で自分の年金を稼ぎ資産を守り、さらに殖やして行くことが必要な時代が到来します。ぜひ奮ってご聴講下さい！　※本ＣＤは二〇二〇年四月二七日開催予定（新型コロナウイルス対策のため中止）でした「オプション・デイトレ集中セミナー説明会」での講演内容と同等となります。

「㈱日本インベストメント・リサーチ　オプション・デイトレ集中セミナー説明会」担当　山内・齋藤
TEL：〇三（三二九一）七二九一　FAX：〇三（三二九一）七二九二
Eメール：info@nihoninvest.co.jp

◆浅井隆が詳説！「オプション研究会」無料説明会DVD

オプションに重大な関心を寄せているものの、どのようにしてオプション投資にとりかかればよいかわからないという方のために、浅井隆自らがオプション投資の魅力と活用のコツ、そしてそれを実践するための専門的な助言クラブである「オプション研究会」の内容を詳しく解説した無料説明会DVDを頒布いたします（内容は二〇一八年一二月一五日に開催した説明会を収録したものです）。「書籍を読んだけど、今少し理解を深めたい」「浅井隆からのメッセージを直接聞いてみたい」という方は、ぜひこの機会にご入手下さい。なお、音声のみをご希望の方にはCDの頒布もございます。

「オプション研究会 無料説明会 受講DVD／CD」
（収録時間：DVD・CDとも約一六〇分）
価格：特別DVD……三〇〇〇円（実費 送料込）
CD……二〇〇〇円（実費 送料込）
※ DVD・CDとも、お申し込み確認後約一〇日でお届けいたします。
「オプション研究会 無料説明会 受講DVD」に関するお問い合わせは、
㈱日本インベストメント・リサーチ オプション研究会 担当」まで。
TEL：〇三（三二九一）七二九一 FAX：〇三（三二九一）七二九二
Eメール：info@nihoninvest.co.jp

◆「ダイヤモンド投資情報センター」

現物資産を持つことで資産保全を考える場合、小さくて軽いダイヤモンドは持ち運びも簡単で、大変有効な手段と言えます。近代画壇の巨匠・藤田嗣治は第二次世界大戦後、混乱する世界を渡り歩く際、資産として持っていたダイヤモンドを絵の具のチューブに隠して持ち出し、渡航後の糧にしました。金《きん》（ゴールド）だけの資産防衛では不安という方は、ダイヤモンドを検討するのも一手でしょう。

しかし、ダイヤモンドの場合、金《きん》とは違って公的な市場が存在せず、専門の鑑定士がダイヤモンドの品質をそれぞれ一点ずつ評価して値段が決まるため、売り買いは金《きん》に比べるとかなり難しいという事情があります。そのため、信頼できる専門家や取扱店と巡り合えるかが、ダイヤモンドでの資産保全の成否の分かれ目です。

そこで、信頼できるルートを確保し業者間価格の数割引という価格での購入が可能で、ＧＩＡ（米国宝石学会）の鑑定書付きという海外に持ち運んでも適正価格での売却が可能な条件を備えたダイヤモンドの売買ができる情報を提供いたします。

ご関心がある方は「ダイヤモンド投資情報センター」にお問い合わせ下さい。

ＴＥＬ：〇三（三二九一）六一〇六　担当：大津

◆『浅井隆と行くニュージーランド視察ツアー』

南半球の小国でありながら独自の国家戦略を掲げる国、ニュージーランド。浅井隆が二〇年前から注目してきたこの国が今、「世界でもっとも安全な国」として世界中から脚光を浴びています。核や自然災害の脅威、資本主義の崩壊に備え、世界中の大富豪がニュージーランドに広大な土地を購入し、サバイバル施設を建設しています。さらに、財産の保全先（相続税、贈与税、キャピタルゲイン課税がありません）、移住先としてもこれ以上の国はないかもしれません。

そのニュージーランドを浅井隆と共に訪問する、「浅井隆と行くニュージーランド視察ツアー」を毎年一一月に開催しております。なお、二〇二〇年一一月のニュージーランドツアーは新型コロナの影響により中止となりました。二〇二一年一一月は開催致します。現地では浅井の経済最新情報レクチャーもございます。内容の充実した素晴らしいツアーです。ぜひ、ご参加下さい。

TEL：〇三（三二九一）六一〇六　担当：大津

◆浅井隆のナマの声が聞ける講演会

著者・浅井隆の講演会を開催いたします。二〇二〇年下半期は東京・九月二五日（金）、名古屋・一〇月一六日（金）、大阪・一〇月二二日（木）、福岡・一〇月二四日（土）を予定しております。経済の最新情報をお伝えすると共に、生き残りの具体的な対策を詳しく、わかりやすく解説いたします。

活字では伝えることのできない肉声による貴重な情報にご期待下さい。

また、「新型コロナウイルス発生！　どうする日本⁉　どうなる二〇二〇年！」というテーマにて、

『浅井隆の緊急メッセージＤＶＤ／ＣＤ』（価格：ＤＶＤ、ＣＤ共八〇〇〇円〈送料込・会員割引あり〉）、

『中森貴和氏（帝国データバンク）×浅井隆緊急対談ＣＤ』（価格：二万円〈送料込・会員割引あり〉）

を販売中です。お早めにお求め下さい。

詳しいお問い合わせ先は、㈱第二海援隊まで。

■第二海援隊連絡先

TEL：〇三（三二九一）六一〇六　FAX：〇三（三二九一）六九〇〇

Eメール：info@dainikaientai.co.jp

◆第二海援隊ホームページ

第二海援隊では様々な情報をインターネット上でも提供しております。詳しくは「第二海援隊ホームページ」をご覧下さい。私ども第二海援隊グループは、皆さんの大切な財産を経済変動や国家破産から守り殖やすためのあらゆる情報提供とお手伝いを全力で行ないます。

また、浅井隆によるコラム「天国と地獄」を一〇日に一回、更新中です。経済を中心に長期的な視野に立って浅井隆の海外をはじめ現地生取材の様子をレポートするなど、独自の視点からオリジナリティあふれる内容をお届けします。

ホームページアドレス：http://www.dainikaientai.co.jp/

〈参考文献〉

【新聞・通信社】


『日本経済新聞』『朝日新聞』『産経新聞』『日経ヴェリタス』

『ブルームバーグ』『ロイター』


【書籍】

『国家は破綻する』（カーメン・M・ラインハート　ケネス・S・ロゴフ著　日経BP社）

【拙著】

『2014年日本国破産〈対策編②〉〈対策編③〉』（第二海援隊）
『国家破産サバイバル読本〈下〉』（第二海援隊）
『2010-2014年超恐慌予測』（第二海援隊）
『恐慌と国家破産を大チャンスに変える！』（第二海援隊）
『株は2万2000円まで上昇し、その後大暴落する!?』（第二海援隊）
『最後のバブルそして金融崩壊』（第二海援隊）『2020年の衝撃』（第二海援隊）
『株大暴落、恐慌目前！』（第二海援隊）

【その他】

『ＮＨＫテレビ』『MBS』『選択』『経済トレンドレポート』

【ホームページ】

フリー百科事典『ウィキペディア』

『日経ビジネスオンライン』『ダイヤモンドオンライン』『時事ドットコム』

『東洋経済オンライン』『ジャパンビジネスプレス』『Sankei Biz』『BBC』

『WEDGE』『President Woman』『WIRED』『ZUU Online』『CNN』『IMF』

『IFIS株投信コラム』『The Financial Pointer』『Forbes』『大紀元時報』

『ウォール・ストリート・ジャーナル　日本語電子版』『人民網』

『レコードチャイナ』『中央日報　日本語版』『朝鮮日報 日本語版』

『サウスチャイナ・モーニング・ポスト』

『楽天証券』『野村総合研究所』『株式会社フジトミ』『日本大百科全書』

『第一生命経済研究所』『ニッセイ基礎研究所』『MORNINGSTAR』

『Answers News（QUICK）』『ツイッター（Twitter）』『Auカブコム証券』

『株探（ミンカブ・ジ・インフォノイド）』『マネーボイス（まぐまぐ！）』

〈著者略歴〉
浅井　隆（あさい　たかし）

経済ジャーナリスト。1954年東京都生まれ。学生時代から経済・社会問題に強い関心を持ち、早稲田大学政治経済学部在学中に環境問題研究会などを主宰。一方で学習塾の経営を手がけ学生ビジネスとして成功を収めるが、思うところあり、一転、海外放浪の旅に出る。帰国後、同校を中退し毎日新聞社に入社。写真記者として世界を股に掛ける過酷な勤務をこなす傍ら、経済の猛勉強に励みつつ独自の取材、執筆活動を展開する。現代日本の問題点、矛盾点に鋭いメスを入れる斬新な切り口は多数の月刊誌などで高い評価を受け、特に1990年東京株式市場暴落のナゾに迫る取材では一大センセーションを巻き起こす。
その後、バブル崩壊後の超円高や平成不況の長期化、金融機関の破綻など数々の経済予測を的中させてベストセラーを多発し、1994年に独立。1996年、従来にないまったく新しい形態の21世紀型情報商社「第二海援隊」を設立し、以後約20年、その経営に携わる一方、精力的に執筆・講演活動を続ける。2005年7月、日本を改革・再生するための日本初の会社である「再生日本21」を立ち上げた。主な著書：『大不況サバイバル読本』『日本発、世界大恐慌！』（徳間書店）『95年の衝撃』（総合法令出版）『勝ち組の経済学』（小学館文庫）『次にくる波』（PHP研究所）『Human Destiny』（『9・11と金融危機はなぜ起きたか!?〈上〉〈下〉』英訳）『あと2年で国債暴落、1ドル＝250円に!!』『いよいよ政府があなたの財産を奪いにやってくる!?』『日銀が破綻する日』『預金封鎖、財産税、そして10倍のインフレ!!〈上〉〈下〉』『トランプバブルの正しい儲け方、うまい逃げ方』『世界沈没――地球最後の日』『世界中の大富豪はなぜＮＺに殺到するのか!?〈上〉〈下〉』『円が紙キレになる前に金を買え！』『元号が変わると恐慌と戦争がやってくる!?』『有事資産防衛　金か？　ダイヤか？』『第２のバフェットか、ソロスになろう!!』『浅井隆の大予言〈上〉〈下〉』『2020年世界大恐慌』『北朝鮮投資大もうけマニュアル』『この国は95％の確率で破綻する!!』『徴兵・核武装論〈上〉〈下〉』『100万円を６ヵ月で２億円にする方法！』『最後のバブルそして金融崩壊』『恐慌と国家破産を大チャンスに変える！』『国家破産ベネズエラ突撃取材』『都銀、ゆうちょ、農林中金まで危ない!?』『10万円を10年で10億円にする方法』『私の金が売れない！』『株大暴落、恐慌目前！』『2020年の衝撃』『デイトレ・ポンちゃん』『新型肺炎発世界大不況』『恐慌からあなたの預金を守れ!!』（第二海援隊）など多数。

世界同時破産！――3割の企業と国が潰れる

2020年6月23日　初刷発行

著　者　浅井　隆
発行者　浅井　隆
発行所　株式会社　第二海援隊
〒101-0062
東京都千代田区神田駿河台２-５-１　住友不動産御茶ノ水ファーストビル８Ｆ
電話番号　03-3291-1821　　ＦＡＸ番号　03-3291-1820

印刷・製本／株式会社シナノ

　ISBN978-4-86335-207-0

第二海援隊発足にあたって

日本は今、重大な転換期にさしかかっています。にもかかわらず、私たちはこの極東の島国の上で独りよがりのパラダイムにどっぷり浸かって、まだ太平の世を謳歌しています。

しかし、世界はもう動き始めています。その意味で、現在の日本はあまりにも「幕末」に似ているのです。ただ、今の日本人には幕末の日本人と比べて、決定的に欠けているものがあります。それこそ、志と理念です。現在の日本は世界一の債権大国（＝金持ち国家）に登り詰めはしましたが、人間の志と資質という点では、貧弱な国家になりはててしまいました。それこそが、最大の危機といえるかもしれません。

そこで私は「二十一世紀の海援隊」の必要性を是非提唱したいのです。今日本に必要なのは、技術でも資本でもありません。志をもって大変革を遂げることのできる人物と、それを支える情報です。まさに、情報こそ〝力〟なのです。そこで私は本物の情報を発信するための「総合情報商社」および「出版社」こそ、今の日本にもっとも必要と気付き、自らそれを興そうと決心したのです。

しかし、私一人の力では微力です。是非皆様の力をお貸しいただき、二十一世紀の日本のために少しでも前進できますようご支援、ご協力をお願い申し上げる次第です。

浅井　隆